重庆市教育科学"十四五"规划教学改革研究专项课题"基于核心素养的基础教育课堂生态系统重构研究"（立项批准号：K24ZG1240375）成果

聚焦核心素养的课堂教学

基于课例分析的视角

主编

李　令　王蜀明　李胜利

副主编

刘春柳　伍俊臻　向莉君　向桃昭　肖林波　张　洁

练登杰　唐书琴　黄小恢　彭伶俐　蒋勋利　谢　玲

❂ 中华工商联合出版社

图书在版编目 (CIP) 数据

聚焦核心素养的课堂教学：基于课例分析的视角 /
李令 , 王蜀明 , 李胜利主编 . -- 北京：中华工商联合出
版社 , 2025. 3. -- ISBN 978-7-5158-4224-0

Ⅰ . G632.421

中国国家版本馆 CIP 数据核字第 2025VX9679 号

聚焦核心素养的课堂教学：基于课例分析的视角

主　　编：李　令　王蜀明　李胜利

出 品 人：刘　刚

责任编辑：李　瑛

排版设计：北京青云腾科技有限公司

责任审读：付德华

责任印制：陈德松

出版发行：中华工商联合出版社有限责任公司

印　　刷：北京虎彩文化传播有限公司

版　　次：2025 年 5 月第 1 版

印　　次：2025 年 5 月第 1 次印刷

开　　本：710mm×1020mm1/16

字　　数：200 千字

印　　张：12.5

书　　号：ISBN 978-7-5158-4224-0

定　　价：68.00 元

服务热线：010－58301130－0（前台）

销售热线：010－58302977（网店部）
　　　　　010－58302166（门店部）
　　　　　010－58302837（馆配部、新媒体部）
　　　　　010－58302813（团购部）

地址邮编：北京市西城区西环广场 A 座
　　　　　19－20 层，100044

http://www.chgslcbs.cn

投稿热线：010－58302907（总编室）

投稿邮箱：1621239583@qq.com

目　录
CONTENTS

上篇

理论阐释

上篇

理论介绍

| 第一章 |

核心素养概述

素养，指由训练和实践而获得的技巧或能力。教育部 2014 年印发的《关于全面深化课程改革 落实立德树人根本任务的意见》，首次提出"核心素养体系"概念，并强调："根据核心素养体系，明确学生完成不同学段、不同年级、不同学科学习内容后应该达到的程度要求，指导教师准确把握教学的深度和广度，使考试评价更加准确反映人才培养要求。各级各类学校要从实际情况和学生特点出发，把核心素养和学业质量要求落实到各学科教学中。"

"学生发展核心素养，主要是指学生应具备的、能够适应终身发展和社会发展需要的必备品格和关键能力。"[1]中国学生发展核心素养，以科学性、时代性和民族性为基本原则，以培养"全面发展的人"为核心，分为文化基础、自主发展、社会参与三个方面。具体划分为六大核心素养、十八个基本要点。其中六大核心素养指：人文底蕴、

---

1. 林崇德.构建中国化的学生发展核心素养 [J].北京师范大学学报（社会科学版），2017（1）.

科学精神、学会学习、健康生活、责任担当、实践创新。这六个方面相辅相成、辩证统一。在发展独立个性的人的基础上，追求人的全面发展。

探索培育学生核心素养的路径，已然是教育研究的热点。有专家调查发现：一线教师普遍反映，核心素养与日常教学不易建立联系。对于核心素养，教师应当"怎样教授"，学生应当"怎样习得"，在理论与实践之间看似有一道难以逾越的鸿沟；如何落实核心素养，提高课堂教学质量，成为当前乃至未来重建教育新生态必须直面的严峻挑战。

【案例一】一位老师教《罗布泊，消逝的仙湖》一课有这样几个教学环节

（一）音乐引入

听音乐《小舟与旅行者》，老师问：这首歌描绘了什么地方？听完后你有什么感受？（学生听后作答，引出今天的课题，板书——罗布泊，消逝的仙湖。）

（二）比较变化

老师出示大量罗布泊过去与现在的图片比较变化（学生很有兴趣地看图片）。

仙湖已经面目全非，造成这种变化的原因是什么？（再读课文，探究消逝的原因。学生答原因：人类急功近利、过度开采资源的行为，造成了罗布泊、胡杨林的悲剧。）

（三）我们呼吁

悲剧仅限于此吗？你还知道哪些类似的例子？（学生答：悲剧还在继续，青海湖、月牙泉也是在劫难逃。）

教师拓展：我们可以对今天的开发提出哪些忠告呢？

这堂课教学思路清晰，信息量大，教学目标明确。教师准备充分，课堂气氛活跃，学生兴奋，学习积极性很高。按某些评课标准，这应该是一堂好课，但真是一堂好课吗？肯定不是。原因如下：

第一，忽视语文学科特点。语文课是学习语言文字运用的综合性实践性课程。一篇课文，有内在的言语内容，即"说了什么"，有外在的言语形式，即"怎样说的"。我们关注的重点应在"课文是怎样讲述环保问题的"，而不是"环保问题"本身。从语文学科独具的特点来说，这篇课文的教学价值有两点：一是学习对比和引用数据的方法；二是了解"科学小品文"的基本特征，学习这类课文的阅读方法。

第二，学生缺乏思维空间。学生听音乐、看图片、找答案，看似学习热情高涨，实际上课堂热闹的外表下掩盖着学生思维的缺失，过多过滥的多媒体应用，挤占了学生读书思考的时间，大量的碎问碎答背后，是没多少思维含量的简单问题。

课堂是学校开展教育教学活动，引导学生掌握知识技能，发展智力和体力，形成正确道德取向的基本场所。课堂是学校教育立德树人的主阵地，没有课堂变革，任何教育改革都会成为空中楼阁。

核心素养对基础教育课堂教学的重大影响，表现为核心素养内涵的价值观、方法论、认识论意义。根据核心素养理论，核心素养不是学科知识的总和，它是以培养"全面发展的人"为核心，是育人模式的重大变革。落实核心素养就要从主要关注学科知识教学转向培育能适应未来社会发展的人，从以知识为核心向以素养为核心的转变，其本质就是从知识本位向人本位的转变。

学校的教育目标要通过具体的教育教学活动来实现，联系核心素养与具体教育教学活动的媒介主要是学科。一方面，核心素养必须落实在学科课程的开发、实施与评价中，课程是人才培养的核心，是教育核心竞争力的体现；另一方面，核心素养是学科课程内容选择与课程实施的依据，核心素养主导着课程实践，只有用核心素养统筹、整合学科教学内容，才能提炼出最能体现本学科特性的关键性要素。核心素养只有落实到学科课程中、落实到教学过程中，才能真正落地。核心素养是教育目标的具体化和细化，如果在此基础上提出各学科的核心素养，再将这些核心素养具体化为学习内容和学习过程，核心素养就有了清晰的实施路径。

如《义务教育语文课程标准（2022年版）》提出："核心素养是学生通过课程学习逐步形成的正确价值观、必备品格和关键能力，是课程育人价值的集中体现。义务教育语文课程培养的核心素养，是学生在积极的语文实践活动中积累、建构并在真实的语言运用情境中表现出来的，是文化自信和语言运用、思维能力、审美创造的综合体现。"这里明确了语文学科核心素养的构成以及它从实践中来再到实践中去的"实践"属性。这样，根据课程标准教学落实核心素养就有了抓手。我们应该重点研究的是如何在学科教学中渗透核心素养，如何在课堂教学评价中体现核心素养。

【案例二】基于核心素养的经典文本教学价值探讨——以《游褒禅山记》为例

叶圣陶先生说："文章是多方面的东西，一篇文章可从种种视角来看，也可应用在种种的目标上"，"我们以为杂乱地把文章选给学生读，不论目的何在，是从来国文科教学的大毛病。文章是读不完的，与其漫然地瞎读，究不如定了目标来读"。经典文本本身就是一个全息体，我们当然可以全方位、多层面地挖掘文本所包含的各种信息。但是过去的经验告诉我们，这样做往往是费力不讨好，想要面面俱到，结果却是啥都没做到。教学是一种承载着价值的实践活动，如何精准地确定教学目标，深化文本的教学价值，是一个很费心力的问题。

高中语文课程标准提出，语文学科核心素养主要包括"语言建构与运用""思维发展与提升""审美鉴赏与创造""文化传承与理解"四个方面。以核心素养的理念解读经典文本，会为经典文本教学价值的深化提供很好的切入点。

（一）在复杂的人生中养成良好的心态

学生怕学文言文的一个重要原因，是觉得文言文展现的生活远离现实，文中揭示的道理也无益于今天的生活。我们的教学就是要让学生认识到文言文与现实密切相关，文言文的语言和思想依然在影响着今天的生活。把文言文中的智慧应用到现实生活中去，缩短文言文与现实生活的距离，让学生觉得文言文离我们不远。

千百年来，无数读者从《游褒禅山记》里找到了共鸣，读出了正能量，这也正是写一次半途而废的游览，却成为千古名篇的原因之一。它的影响力超越了时空界限，它给我们今天的学习、做事、生活的启示随便就可以找出几点：没有天上掉馅饼的好事，美好的事物是不会轻易得到的；达成目标既要具备条件还要讲求方法；实现远大梦想，必须具有百折不挠的意志和深思慎取的态度。但是，如果仅仅是这些，《游褒禅山记》也不会成为千古名篇。那么，文本最重要的人文价值在哪里？

"有志者事竟成"一直激励着我们，只要我们拼搏向上，百折不挠，美好的明天就一定会到来。事实上，"有志"和"事成"并不是必然的因果关系，"有志"不一定"事成"；是不是具有了"天时地利人和"的条件，就一定能"事成"呢？答案也是不一定的。如果"有志"且占尽"天时地利人和"的条件，还不能"事成"，怎么办？课文中给了我们答案，那就是"尽吾志也而不能至者，可以无悔矣"，这就是这篇文章最重要的人文价值。

"叹人生，不如意事，十常八九。"（辛弃疾《贺新郎·用前韵再赋》）在复杂的人生中，不如意事是常有的。如家庭变故、学业压力、情感纠葛等，不少学生怕受挫折，抗挫折能力较弱，甚至面对很小的挫折都会做出一些极端的行为。"尽吾志也而不能至者，可以无悔矣"，给我们的启示就是要以豁达的心态对待成败得失。

通过撰写演讲稿，举办演讲比赛的形式，来一场关于正确对待人生的大讨论。课外收集古今中外名人关于人生的名言名篇，分析他们面对"不如意事"是怎样说的，怎样做的，对我们有何借鉴。在已经学过演讲稿的基础上进一步把握演讲词的特点，观看演讲视频资料，了解演讲的基本技巧。

（二）在两难的情境中训练思维的深刻性

黑格尔说，真正有价值的悲剧不是出现在善恶之间，而是出现在两难之间。之所以有两难，是因为两个方面都具有合理性。

思维品质包括深刻性、敏捷性、灵活性、批判性和独创性五个方面，而思维的深刻性是其他四种思维品质的基础，提升思维的深刻性是提高思维品质的关键。对思维品质的关注是近年来语文教学的重点之一。在真实的教学情境中引导学生进行思辨性读写，这样不但能够调动学生读写的积极性，也有利于学生思维品质的提升。

创设两难情境，引起学生学习兴趣，启发学生思维，开发学生智力，是提高教学实效的重要途径。特别是历来就有争议，且争议的两个方面看似都有合理性的话题，更能引起学生探究的热情。

古人在游记中常用一句话来概括全文的主旨。对《游褒禅山记》的主旨历来就有不同的看法，有"尽志说""治学说"。支持"尽志说"的，如林纾评析《游褒禅山记》时说道，"此文足以概荆公之生平。'志'字是通篇之主"；支持"治学说"的，如清吴楚材《古文观止》"借游华山洞，发挥学道"。

老师提问：本文由"游山"生发出"尽志"的观点，由"仆碑"生发出治学要"深思慎取"的观点，你支持哪种观点？这两个观点彼此有联系吗？（笔者认为作者游褒禅山主要记叙的是游洞，缘此发生的议论也是围绕"志"展开的，强调的是"尽志"的观点，并将它置于主要位置。所以，主旨句应是"尽吾志也而不能至者，可以无悔矣"。"深思慎取"是对上一段议论的重要补充，是"尽志"应取的方法。）

在前问的基础上，进一步提问"第一段写了'仆碑'，第四段是就'仆碑'生发的议论，第四段是否应该紧承第一段作为第二段？"要求对课文"为什么这样写"作出评价，这类问题有利于提升学生的批判性阅读能力（若第四段紧承第一段作为第二段，那文章就变成第一段写"仆碑"，第二段写就"仆碑"生发的议论；第三段写"游洞"，第四段写就"游洞"生发的议论。这样一来文章就分成前后两大块，前后就毫无关联，文思被打断，主旨也分散了）。

（三）在语言的运用中学习文章的表达艺术

《普通高中语文课程标准（2017年版）》指出："学习传统文化经典作品的表达艺术，提高自己的写作水平。"鲁迅先生说："凡是已有定评的大作家，他的作品，全部就说明着'应该怎样写'。"但是，"应该怎样写"的奥妙隐藏在文章中，需要老师来点醒。

以作文的视角赏析文言文，通过揣摩作者写作思路，加深对文本的理解，激发学生学习文言文的兴趣；把作文与文言文阅读联系起来探讨，从文言文中学习写作方法。学生作文中存在着主旨不明确、思想肤浅贫乏、观点与材料不一致、论证层次不清等问题。针对这些问题，设计这样几项语言运用题，如赏析"入之愈深，其进愈难，而其见愈奇"这个句子。（赏析步骤：写了什么—怎么写的—为什么这样写。写什么：写了后洞"深""奇"的特点；怎么写的：这是一个连锁递进复句，第一个分句的主语是"余与四人"，承前省略，后两个分句的主语是"我们"，第一个分句"入之愈深"是条件，第二个分句"其进愈难"和第三个分句"而其见愈奇"是紧承这个条件所产生的结果；为什么这样写：为下文的议论作铺垫。）通过分析句与句之间是如何衔接的，明白句与句之间的组合不是简单地罗列和相加，而是围绕一个话题展开。

逻辑性是语言表达的基础，前面提到学生作文存在的问题，都可以归结到逻辑思维能力的缺乏。逻辑思维训练是我们教学中的一个薄弱环节。教学这篇课文，我们一般都会要求学生找出记叙和议论前后照应的语句，以及第三、第四自然段的结论。但是，我们可能会忽略作者在文中表达这种结论的文理逻辑，而这个逻辑思维过程恰恰是我们应该重点关注的。

设计训练题："'游山'与'尽志'本不相干，作者却把它们联系起来，它们之间的相似点在哪？"（作者以"游山"喻"尽志"，化抽象为具象，让记叙更加深刻，使道理变得形象。这个过程是离不开分析、归纳、对比、推理等逻辑思维方法的。）

| 第二章 |

教学实施策略

教学实施是基于学科核心素养将教学资源组成一个系统的、逻辑性强的学习单位并在课堂上呈现出来的过程。具体实施过程包括围绕教材分析各个教学要素，确定学习主题，基于主题建构教学内容体系，呈现学习内容，安排教学流程等。

一、学习需要分析

拉尔夫·泰勒的《课程与教学的基本原理》指出："确认学习者目前的状况与公认的常模之间的差别，对学习者的研究才有可能提示出教育目标。这种'差别'或'差距'，便是通常所讲的'需要'。"学习需要指在某一特定的学习情境下，学习者存在着一个差距，这个差距是指学习者学习的"目前状况与所期望达到的状况之间的差距"，也就是学习者目前水平与期望达到的水平之间的差距。

没有差距就没有学习需要。"期望"主要是指社会发展对学习者提出的要求，从学校教育来说，这种期望具体体现在课程标准中。

"目前状况"指学生在能力素质方面的不足，就是学生在学习过程中遇到的困难和问题。

教学设计从学习需要分析开始，学习需要是教学设计不可缺少的重要依据。

学习需要分析要立足时代发展对人才培养的要求，遵循学生认知发展规律，也就是说学习需要分析既要依据学生学习的外部要求，还要了解学生学习的主观需要。

由于学生的个体差异，他们的学习需求不尽相同，因此在教学前要调查学生学习的关注点。如这节课学生最感兴趣的是什么？急于想解决的问题是什么？学生的学习需求表现在哪些方面？会在哪些教学内容的学习上感到困难？应在哪些教学内容上投入较多的精力？哪些教学内容可以顺势带过？

心理学理论告诉我们，动机因需要而产生。不同种类、不同性质、不同程度的学习需要，会产生不同类型的学习动机。不同学习动机的产生源于学生不同类型的学习需要。只有学生的需要得以满足，学生的学习动机才会得以巩固和加强。

如果说课堂中学生的情况是自变量，那么，教学资源的选择、教学方法的运用、教学环节的顺序等都是因变量，任何教学活动都要以满足学生的学习需要作为出发点和归宿。

教学中，人们所关心和致力研究的往往是如何改进教学内容、方法、形式、媒体等，而较少考虑所确定的教学目标与客观的实际需要是否"有关"。换言之，较多关注教学工作的"效度"，即实现既定目标的程度，而较少关心教学的"效用"，即实现该目标的价值、意义如何。

学习需要分析步骤是评估学生当前的学习水平，明确需要达到的水平，最终确定二者之间的实际差距。也就是要分析学生的认知情况，调查学生的"已知"，预测学生的"未知"，从而在"已知"与"未知"的矛盾中，把握学生学习的"最近发展区"，实现学生"旧知"向"新知"的迁移，使教学内容和教学方法适合学生的认知水平和心理特征。

那么，我们该如何弄清楚哪些是学生的"已知"，哪些是学生的"未知"呢？

第一，认真开展课前调查。在新课教学前运用访谈或问卷的形式进行课前调查，并分析调查数据，了解学生已有的知识基础。课前就要思考，本节课或本单元教学内容，学生需要掌握哪些知识？已具备了哪些知识？哪些知识学生自己能够学会？

第二，分析学生的书面作业。分析学生书面作业中哪些掌握得比较好，掌握的程度如何，哪些内容错误较多，需要怎么弥补。

第三，上课时随机了解。在课堂教学中敏锐观察，捕捉学生的知识基础。

二、确定教学目标

教学目标是指教学活动的主体在具体的教学活动中所期望达到的结果和标准。确立教学目标主要依据课程标准、学生学情、学科教材。

（一）研究课程标准

课程标准是确立学习主题的根本依据。国家课程标准是教材编写、教学、评估和考试命题的依据，是国家管理和评价课程的基础。

每一节课的课时教学目标必须放到学科课程标准中加以考虑，认真领会和准确理解课程标准对教学目标的规定，分解课程目标，转化为具体的、可操作的教学目标。

【案例三】《吨的认识》教学目标设计[2]

课程标准是教材编写的依据，也是教学评估和考试命题的依据，当属"本中之本"，是我们目标设计中必须找准的"圆心"。所以教师在设定教学目标时首先要解读课标，领会课标要求。

《义务教育数学课程标准（2022年版）》第三部分课程目标中指出："认识质量单位，尝试应用数学知识和其他学科知识与方法解决问题，积累数学活动经验，形成量感、推理意识和应用意识。"在课程内容部分中强调："结合现实素材，感受并认识克、千克、吨，以及它们之间的关系，发展量感和推理意识，积累数学活动经验。"在学业要求部分中强调："能结合现实素材，感受并认识克、千克、吨，能进行简单的单位换算。"

课程标准呈现的是大的框架和总的目标，概括程度高，知识跨度大，不能作为课堂教学的具体操作目标用，要把课程标准相关内容切分细化为课堂教学目标。如何切分细化课程标准呢？结合教材我们可以把课程标准相关内容细化为下面6个知识点：

①吨是什么；②什么时候用吨；③吨用哪个字母表示；④吨与千克之间有什么关系；⑤怎么建立1吨的表象；⑥生活中吨的应用。

---

2. 资料来源：谢玲《〈吨的认识〉教学设计》。

①②③点学生在本节课了解即可，采用自学或者教师领学的方式完成。④点通过感知、推理 10 千克的水的质量，建立千克与吨之间的联系。⑤点建立 1 吨的表象，这是本课的重点。可以组织学生利用感知、经历体验、运用推理、建构想象等活动，明白 10 千克、50 千克、100 千克、儿童体重等在心里留下的体感，建立空间感与量感。通过与之前自己猜测的 1 吨物品进行对比，实现对 1 吨的质量概念从模糊到清晰的认知。⑥点通过提供相应的数学材料，学生合理选择质量单位，结合生活经验明白载重、限重、自重几个常见的描述质量的词语。知道质量单位吨在生活中的运用，能够通过数学的表达解释生活现象，用生活现象赋予数学以活的灵魂，实现知识迁移与应用意识培养。

通过结合教材分解细化课程标准相关内容，确立教学目标如下。

1. 结合生活实际了解吨的概念，吨用字母"t"表示。通过观察、操作、感知、推理等活动发展学生的量感、空间观念、推理意识，建立 1 吨的质量概念。

2. 掌握吨与千克之间简单的单位换算，建立 1 吨 =1 000 千克的理性思维。

3. 通过生活实例，理解吨的含义，培养学生初步的观察能力和应用意识，将数学知识与实际生活联系起来。

重点：建立"吨"的质量概念，能熟练运用 1 吨 =1 000 千克进行简单的单位换算。

难点：建立"吨"的质量概念，体验、感知、推理 1 吨有多重。

教具：10 千克桶装水、100 千克的书（或者 100 千克的大米）、课件等。

依据课程标准确立教学目标可以按照以下程序进行。

在确立教学目标时，首先要认真学习课程标准中的课程总目标和分目标，弄清在"知识与能力""过程与方法""情感态度价值观"三个方面，总目标和分目标提出了哪些目标要求。

然后在课程目标的指导下，分析课程标准中列出的具体内容标准和实施建议，把教材内容与课程标准中相关"内容标准"一一对应。但要注意的是，"内容标准"中的条文是高度概括的表述，所以，就要思考如何把高度概括的"内容标准"细化为具体的、可操作的教学目标。

在进行"内容标准"的细化时，要选择适当的行为动词来表述细化之后的教学目标。

（二）分析学生学情

设计教学目标不仅要依据课程标准，还要根据学生的学情来确定。学生是课堂教学的主体，确立教学目标必须从学生的实际出发，通过课前调查、访谈、观察等方式了解学生的个体差异，分析学生的现状以及知识起点，确定教学目标。

教学活动是一个师生交流的动态生命历程，生命主体的丰富复杂性和教学内容的多元开放性增加了预设目标在落实过程中的变数。在教学中，随时都会出现与预设目标不一致的情况，需要教师及时调整，使教学目标更加贴近学生学习的实际。因此，教学目标设计必须具有高度的前瞻性与应变性，使预设目标与生成目标有机结合。

即使在同一个班级，不同学生的学习水平、能力也是有差异的，所以为所有学生制定的同一目标势必会造成一部分学生"吃不了"，而另一部分学生却"吃不饱"。因此教师在制定教学目标时应关注全体学生，留有一定的弹性空间。

【案例四】

"小数乘整数"是五年级数学学习的第一课时的内容。课时内容的学习既联结着学生的已有知识内容，又对后续知识的学习起着重要的承接作用。因而在进行本课时的教学设计时，教师只有充分了解学情，才能准确地设定课时教学目标及教学重点难点，为更好地组织课堂教学、发挥学生的主体性打下坚实的基础。

（一）课时教学目标设计

1. 学情状况

在面对"买 3 个 3.5 元的风筝需要花多少钱"的小数乘整数的实际问题时，有超过一半的学生采用小数加法的方式求得结果，即"3.5+3.5+3.5=10.5（元）"；有一部分学生采用"元、角"货币之间的换算关系来得到结果（见图 1）；还有少部分学生能够准确写出"3.5×3=10.5（元）"小数乘法的算式（见图 2），但是在计算得数时，绝大多数学生采用的依旧是之前所学的小数加法方式，即"3.5×3 可以看作 3 个 3.5 相加"。

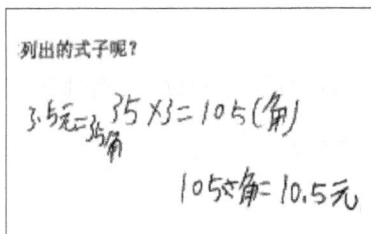

图 1

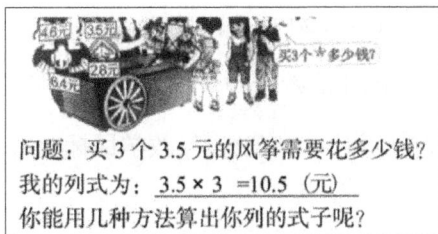

图 2

2.学情状况分析

对于算法的理解与掌握，一方面，学生对小数乘整数算理掌握牢固，明白"3.5×3"可以表征为"3个3.5相加"；另一方面，学生受原有整数乘法竖式计算的影响，对小数乘整数的列竖式计算可能存在曲解，因而本课时无须特意强调小数乘整数的算式书写形式，而是要着重强调小数乘整数的列竖式计算步骤。对于算理的学习经验迁移层次，学生在利用"元、角"转化关系解决小数乘整数问题的过程中，已经将整数乘法的学习经验迁移到小数乘整数的学习中了。基于学生的头脑中已经具备了相关学习经验，在学习迁移的过程中引导学生将小数乘整数转化为整数乘整数。

3.课时教学目标

一是通过小组合作的方式，利用"元、角"之间的货币转化关系，深度理解小数乘整数的算理，掌握小数乘整数的计算方法，明确列竖式计算的方法与步骤。二是通过对"因数与积"扩大及缩小倍数的观察，感受小数乘法转化为整数乘法的知识迁移过程，体会对比、转化的数学思想方法，提高学习迁移能力。三是利用所学习的小数乘整数的方法解决实际问题，感受数学带给生活的乐趣[3]。

（三）研读学科教材

教材是教学的依据，也是教师确立教学目标的基础。教师研读教材的深度与广度，与教学目标的有效性有着密切关系。

3.余根钦,何琳.基于学情分析的教学设计研究 [J].基础教育研究，2019（11）

任何一门学科，都应该有一个独具的学科目标，那就是本学科的"知识"目标，是其他任何学科都无法替代的。"过程和方法""情感态度价值观"目标可以是各个学科共有的，而"知识"目标是某一学科独有的。

教学目标要尽可能准确、明白地反映教材的主要特点，不要泛泛而谈。从整体上了解教材的主要内容和结构体系，分析教材的编排特点，领会教材的编排意图；弄清教学内容在本单元、本册教材、本课程中的地位和作用，了解教材前后、左右的联系，把握教学内容的深度和广度，进而提出恰当、准确的教学目标。

【案例五】

统编教材五年级上册第七单元的语文要素是"初步体会课文中的静态描写和动态描写"。围绕这一语文要素，教材排编了《古诗词三首》《四季之美》《鸟的天堂》《月迹》四篇课文。其中，前三篇是精读课文，最后一篇是略读课文。根据课后题，《古诗词三首》意在让学生初步知道景物描写中有动态描写和静态描写；《四季之美》让学生具体体会景物的动态描写；《鸟的天堂》让学生初步感受静态描写和动态描写；《月迹》让学生体会作者细腻的感受和动人的描写。

根据语文要素和课后练习题，《四季之美》的教学目标可确定为以下4点。

1. 认识"旷""怡"等5个生字，会写"黎""晕"等9个字，会写"黎明""红晕"等13个词语。

2. 反复朗读课文，背诵课文，体会作者笔下四季之美的独特韵味和用词的独特。

3. 借助关键语句，联系上下文，初步体会景物的动态描写。

4. 仿照课文，学习描写景物的变化，用几句话写一写自己印象最深的某个景致。

其中，目标 1 是常规目标，这一目标的制定依据是课后生字表、写字表和词语表等相关的内容。目标 2 是学段目标，落实高年级理解文章的要求，制定依据是课后题第一题。目标 3、目标 4 是单元重点目标，落实单元语文要素，制定依据是课后题第二题及选做题。这样的目标任务，紧扣语文要素，促进语文要素的梯度发展，使训练的角度更多元，让学生的主体意识得以发挥，助力"初步体会课文中的静态描写和动态描写"这一语文要素的顺利落实。整组课文形成一个相互联系的有机整体，使教材更全面地服务于学生的学习活动，课堂教学更加扎实有效，更加灵动深刻，更加丰厚充实[4]。

教学设计注重单元内容的关联性、结构化和逻辑性。确定学习主题时，要立足单元整体，瞻前顾后，考虑教学活动前后的衔接与连续。学习主题是一个"整合点"。整合是指把零散的东西彼此衔接，从而实现信息系统的资源共享和协同工作，形成有价值、有效率的一个整体。这个"整合点"既要"瞻前顾后"还要"左顾右盼"。"瞻前顾后"指审视当下内容和以前、以后教材内容的联系，在教材体系的坐标中处于什么地位；"左顾右盼"指比较相似教学内容的共性、

---

4. 董服相. 立足语文要素 精准教学目标——以统编小学语文教材为例 [J] 中小学教育研究，2021（9）

差异。

如语文六年级上册第一单元是个跨文体的单元，有散文、散文诗、唐宋诗词。六篇（首）诗文，虽文体各异，但写的都是景物，形成一条贯穿全单元的明线。单元导读关于语文要素的提示是"阅读时能从所读的内容想开去""写作时发挥想象"，再综合分析课文、习题、语文园地、习作等单元构成要素，发现还有一条贯穿单元的暗线，那就是怎样"想开去"，具体来说就是对联想、想象的运用。发展学生思维能力是核心素养的重要内容，想象是一种特殊的思维形式。六篇（首）诗文，有《草原美》触景生情的联想，有《丁香结》由"物"到"志"的升华，有《花之歌》想象的奇特等。无论是融情入景、借景抒情、托物言志手法的运用，还是听说读写言语能力的交相推进，背后都离不开想象的影子。把联想、想象能力的运用作为单元"整合点"，具有牵一发而动全身的支点效果。

三、设计学习活动

"学习"作为一个词最早见于《礼记·月令》"季夏之月，鹰乃学习。"元代陈澔解释为"学习，雏学数飞也"，意指每年夏初，雏鹰模仿老鹰，一次一次地反复学飞，终于学会了独立飞行，这算是最早的学习。从语源上讲，所谓"学，效也"，就是效仿的意思；习，指鸟频频起飞，有复习、温习之意。

学习是一个自然的过程，是与生俱来的。作为学习的主体，学生的学习完全可以自主发生，那么为什么还需要教师呢？

要回答这个问题，我想用维果茨基著名的"最近发展区"理论来说明。维果茨基认为，学生的发展有两种水平，一种是自己实力所能达到的水平，一种是经别人帮助后可能达到的水平，两种水平之间的差距，即最近发展区。如果学生在最近发展区内学习时，能够得到教师和同学的帮助，会比较容易完成单靠自己无法完成的学习任务。"最近发展区"理论给我们提供了一条理解学习的途径，有效的学习发生在与教师和同学的交往中，在教师和同学提供的适当挑战和帮助下。

在最近发展区内，教师和同学如何提供帮助呢？苏格拉底的教学法能给我们很好的启示。

古希腊伟大的哲学家、教育家苏格拉底一生都在从事教学工作，他的教学法是经过长期教学实践形成的一套独特的方法，人们称之为"苏格拉底法"。苏格拉底的教学方法不是将现成的答案硬性地灌输给学生，而是先向学生提出问题，让学生回答，如果学生回答错了，他也不直接纠正，而是提出另外的问题引导学生思考，让学生暴露出回答问题中的错误，从而引导学生一步一步总结出正确的结论。

苏格拉底向学生提出问题，让学生说出自己对这一问题的看法，通过学生的回答，了解学生的最近发展区，而提出另外的问题引导学生思考，实际就是在给学生"铺路子""搭台子"，引导学生一步一步得出正确的答案。打个比方，就像过河一样，河的这一边是学生"已经达到的发展水平"，对岸是学生"可能达到的发展水平"，河宽就是"最近发展区"。虽然没有桥，但如果教师在河中放几块"垫脚石"，学生就可能顺利通过。

最近发展区反映了学习者内部心理的变化。内部心理变化难测，我们如何知道呢？加涅认为，学习是一个导致学习者的倾向与性能发生变化的过程，这一变化可以反映在行为上。学习者内部心理的变化虽然难以直接测量，但可以通过外部行为表现出来，那么外部行为就成为理解内部心理变化的桥梁。

教学的目的是促进学生的身心发展，使学生的内部心理发生变化。这种变化的实现离不开教师指导下的学习过程。教师通过教学方案的设计、实施与评估，规范或指导学生的学习，促进这种变化发生。这个反映在行为上的变化就是学习预期的结果，也就是学习的目标，导致学习者的倾向与性能发生变化的过程就是学习活动。

造成"假学习"的原因很多，但主要的原因是没有把"知"和"行"真正联系起来。学习包括两个环节，学是习的基础，习是学的深化，学指人的认知活动，习指人的实践活动。"学而时习之，不亦乐乎。"只有知行合一的学习，才是快乐的学习。

活动是人存在和发展的基本方式。当代心理学多项研究成果表明，活动与人的心理形成和发展有着密不可分的关系。人的心理是在活动中形成和发展起来的。通过活动，人认识周围世界，形成各种个性品质；反之，活动本身又受人的心理调节。活动可以分为外部活动和内部活动。内部活动起源于外部活动，是外部活动内化的结果，内部活动又通过外部活动而外化。根据加涅教学设计理论，内部条件是指学习者已有的知识体系，学习某种知识之前的先决知识；外部条件是指媒体和学习环境。要使学习得以发生，就要仔细安排好学习的内部和外部条件。教学要设计好外部条件，激活内部条件，促进学习真实发生。

学习活动作为一种特殊的认识活动，要经历从发生到持续再到结束的过程。学习活动从一开始就是带有一定目的性的，而活动的结果也是预期中希望得到的。

我们设计学习活动必须坚持三条原则：目的性、操作性、检测性。

目的性指落实核心的学习目标。学习目标是起导向作用的，我们往往将学习目标与学习内容混淆。如有位老师把《回忆鲁迅先生》一文的学习目标定为"学习本文通过捕捉有灵性的生活细节表现人物性格的写作方法"。这不是一个学习目标，而是一个学习内容，学习内容是确定学习目标的重要依据，但它本身不是学习目标。目标是教学预期的结果，预期的变化。如果我们把它改为"找出文中三处生活细节，说出这些细节描写表现了鲁迅先生怎样的性格特征"，就可以说是学习目标了。

操作性指在教学的推进过程中要有一连串看得见的"支架"，让学习具体化、可视化、可操作化。教学不是自学。学习任务设计得好坏，取决于是否有达成目标的学习支架。学习支架这个概念起源于维果茨基"最近发展区"理论，意思是在学生已有知识同新建构知识之间搭起"脚手架"。

检测性指学习结果必须可感知，既要学生学会，还要教师知道学生学会没有。如"有感情地朗读课文"是教材中常常出现的一个学习活动，那如何才能检测出学生是"有感情地朗读课文"？可以设计这样一个学习任务，默读《草原》（部编版语文六年级上册）第一自然段，圈画出体现作者感情的词语，并在边上用恰当的词句作批注（教师就可以通过学生圈画出来的词语和批注的词句，看到学生的体会过程）。

【案例六】让学生真正进入学习状态 [5]

有位老师在《泥人张》的教学设计中安排了两个学习活动：

1. 指出泥人张"奇"在什么地方？

2. 找出描写泥人张技艺高超的句子读一读，并分析这些句子在描述方式上有什么不同？

这两个学习活动中，前一个定位为理解课文内容，感受人物形象；后一个指向语文学习的工具性目标，学习文章的表达方式。前一个要落实课文目标，后一个想实现课程目标，看似很合理。实际上仅仅是设置了一个泥人张"奇"的标签，学生围绕这个标签在课文中寻找印证泥人张技艺高超的语句。而且根据我们的学情调研，泥人张"奇"在什么地方？学生完全能够自读自悟。在这个课例中，学生没有真正进入学习状态，对于"课文是怎样写出泥人张技艺高超的"这个关键问题，仅仅泛泛了解，没有深刻领会。

这两项学习活动可改为：

1. 列举描写泥人张和海张五动作、语言、外貌的语句，比较泥人张和海张五写法的不同，在对比中指出二人性格的差异。

这样设计，答案来自学生与文本的对话，而不是预设一个泥人张技艺高超的标签，让学生在课文中寻找印证材料。"列举""比较""指出"等行为动词，引起学生学习行为。通过列举出来的词句，看到学生的体会过程；通过对比，体会人物描写要抓住人物的性格特点，对不同性格的人物，要采取不同的描写方法。

5. 李胜利，让学生真正进入学习状态 [N]. 教育时报，2019.6

2. 借天庆饭店吃饭的人的视角，赞叹"这泥人真捏绝了"，这个自然段在文中起到什么作用，如果删去这一段会不会影响表达效果？

这样的设计会让学生对单元教学目标"体会多种表达方式综合运用产生的艺术效果"有实实在在的体会。这段侧面描写具有无法替代的作用，通过天庆饭店吃饭的人的视角表现泥人张技艺高超，使其形象更加鲜明突出，起到正面描写难以达到的艺术效果。

四、呈现学习内容

"教学呈现主要是弄清楚文本/课文的关键要点，并寻找把教学内容呈现给学生的不同方法。要使用什么样的类比、比喻、例证、示范、模仿的方法，才能在教师的理解和期望学生达成的理解之间建立联结？我们需要的是多种形态的表征方式，教学表征的知识在教学呈现活动中是非常重要的。"[6] 教学内容呈现是教师主要课堂教学行为之一，是指教师在课堂上通过语言、板书、动作和多媒体，向学生传递信息的一种行为方式，可以分为语言呈现、文字呈现、声像呈现和动作呈现四类。

教材呈现给我们的是内容组合，不是学习组合。因此，需要对教材内容进行分解和重新组织，用举例、演示、活动、问题、习题、比喻、分析等形式来呈现，从而让学生掌握它们。用布鲁纳转换理论来解释，就是要把教师的理解转换为学生的理解，把学科知识转换为教学形态的知识并呈现出来。

---

6. 舒尔曼. 实践智慧：论教学，学习与学会教学 [M]. 长春：东北师范大学出版社，2014.

学科知识是指一定科学领域或一门科学分支的相对独立的知识体系。例如，"借景抒情""托物言志"是文艺学的概念。如何把这个学科知识转换为教学形态的知识呢？

《落花生》（部编版语文五年级上册）一课，事物平凡，语言通俗，但道理深刻，我们以此文为例说明。读写这类文章的关键是找出"物"与"志"、"景"与"情"的联系，即事物的特点与抒发情感的联系。我们用下表来揭示事物的特点与抒发情感是怎样联系起来的。

表1《落花生》一文中花生与人的联系

花生的特点		做怎样的人
很有用	味道很美、可以榨油、价钱便宜	要做有用的人，不要做只讲体面，而对别人没有好处的人
不好看	果实埋在地下矮矮地	
花生与人的联系：你们要像花生，它虽然不好看，可是很有用		

我们用图表的形式把所写事物的特点列出来，就容易抓住事物与情感的联系。事物是作者承载情感的载体，探究作者选定事物的特点，有利于深入掌握作者抒发情感的具体方法。

加强知识间的联系对于学生掌握知识的结构具有十分重要的意义，学生可以通过知识间的联系获得完整的认知结构。布鲁纳指出，学习结构就是学习事物是怎样相互关联的。获得的知识，如果没有完满的结构将其连在一起，那是一种多半会被遗忘的知识。任何一个知识点都不是孤立存在的，在学科内部，知识点构成一个相对完整的知识体系。学生学习知识的时候，可能是一个知识点一个知识点地各个击破，然后再建立起知识的内部联系。教师要明确所教内容在整个知识体系中的地位和作用，抓住关键的知识点，在教学中做到瞻前顾后、纵横融合，而不是孤立地去呈现某一部分知识。

【案例七】

　　部编版语文五年级上册第一单元以"花鸟有情"为主题，包括精读课文《白鹭》《落花生》《桂花雨》和略读课文《珍珠鸟》，这四篇课文都是借助生活中的具体事物，抒发作者的真情实感。单元篇章页中的两个学习要素"了解课文借助具体事物抒发感情的方法"和"写一种事物，表达自己的感情"，分别从读与写两个方面来提出要求。读和写是两种不同的语言能力，读写结合要找到它们的连接点。我们可以学习任务群为抓手，把读写深度整合起来。这就要求阅读部分不能仅仅停留在文章内容的鉴赏上，停留在文章字词理解上，而是要厘清文章的结构，行文的思路。读的目标即写的目标，赏的内容即写的内容。

　　我们用下表把这四篇课文所写事物的特点列出来，就容易抓住事物与情感的联系。

表2《白鹭》等四篇课文所写事物与作者情感的联系

事物	特点	情理		事物与情感的联系
		情感	道理	
白鹭	外形美（颜色、身段）；不同场景中的美	欣赏和赞美白鹭		感情融入景物描写
落花生	好处很多；不好看		要做有用的人，不要做只讲体面，而对别人没有好处的人	花生的特点与做人的道理有相似处

（续表）

事物	特点	情理		事物与情感的联系
		情感	道理	
桂花雨	桂花的香气，太迷人了	思乡怀旧之情		故乡特色"摇花"的乐趣
珍珠鸟	一种怕人的鸟		信赖，往往创造出美好的境界	珍珠鸟与人接触的变化表现感情的变化

以"写一种事物，表达自己的感情"为大任务，这个任务比单纯写清楚一件事物难度大，不但要写清楚事物，还要把感情融入对事物的描写中。"事物"与"情感"是两个层次的问题，关键是怎样把感情融入景物描写中。

我们来看《白鹭》的作者是如何融入感情描写白鹭的。首先，文章首尾两段"白鹭是一首精巧的诗""白鹭实在是一首诗，一首韵在骨子里的散文诗"，奠定了感情的基调。英国诗人华兹华斯说"诗是强烈感情的自然流露"，"诗"是最具感情色彩的物态意象。其次，抓住带有感情倾向的关键词。"适宜"意思是恰当的。对白鹭外形、色彩的描写就是紧扣"适宜"来写的；三个绝美画面，在读中想象画面，分析画面传达的感情。在写作中，要结合事物特征，细化描写才能将事物进行"传神传情"的表达。情感是依托在事物上的，不是离开事物的独立存在，不能脱离事物，只有立足事物，抒情才能自然流畅，才能使读者感受到作者的真情实感。

课堂教学的根本任务就是将教学内容传递给学生。以课程目标为依据，根据学生的实际，对教材中的资源进行恰如其分地重组、替换和重新开发，使教学内容更加贴近学生的学习实际，从而提高学生的学习效率。

【案例八】

在教授"小学数学平均数"时，我对以下三种教学设计进行了分析与对比。

第一种：教师告知公式—学生背公式—教师讲例题—学生做习题。

第二种：教师讲例题并导出公式—学生理解记忆公式—学生应用公式做练习题。

第三种：分三步走。第一步为创设情境，提出问题。从学生的拍球比赛入手，激起学生解决问题的欲望。第二步为自主探索，解决问题。通过学生自主探索解决"怎样确定人数不等的两组，哪一组获胜？"这一解决问题的过程，让学生感受平均数产生的需要，学会求平均数的方法，理解平均数的意义及与生活的联系。第三步为联系实际，拓展应用。通过有代表性、趣味性和挑战性的题目，让学生展开讨论，促进学生深刻理解并能创造性地应用平均数的知识。

从上面的对比中不难看出，第一种设计是标准的"填鸭式"教学；第二种设计是教师想让学生理解知识，但学生的学习还是比较被动的，只停留在对知识的接受上；第三种设计有较多优点。

首先，教学任务明确，抓住了重点。课一开始，教师从人人喜爱的游戏入手，男女学生分两组比赛拍球，看哪一组能赢。怎么比呢？教师让学生自己想办法，把学习的主动权交给学生。"全体都参加场地不够，一组派两个代表，共10个人。"这便是随机抽样，渗透了统计的含义。当通过比较每组拍球总数确定输赢后，教师故意加入输的那一组，使两组的人数不相等，仅对比总数不公平，产生了矛盾，从而让学生通过自主探索感受到知识的价值，并深刻了解平均数的意义和作用。 其次，体现了教学注重以学生为中心的教学构想。从教学过程和方法来看，创设的情境内容与学生的生活联系紧密，使学生能感受到所学内容是自身生活的切身需要，感受到知识的价值，并激发了解决问题的欲望，由此引发学生自主探究行为，使学生通过自身的再创造活动，掌握了求平均数的方法，并应用其解决相关的问题。最后，体现了润物无声的教育理念。每一个问题的情境，既不是硬性贴标签，也不是无故拔高，而是润物无声的感染和渗透。[7]

教学内容呈现就是要对教材进行利于学生学习的优化重构。这个案例通过三步对教材内容进行了优化重构：第一步，创设游戏情境，把新知识融入有趣的情境中；第二步，提出挑战性问题，激发学生的求知欲望；第三步，把学习与生活联系起来，加深理解，建立先前知识与新知识的联系。

---

7. 资料来源：计国栋《如何做好教学设计》。

| 第三章 |

"教—学—评"一致性

美国教育家拉尔夫·泰勒认为："评估的过程，从本质上讲，就是判断课程和教学计划在多大程度上实现了教育目标的过程。但是，既然教育目标从本质上讲是对人类进行改变，也就是说，目标旨在让学生的行为模式产生期望中的改变，那么，评估就是这样一种过程，即判断这些行为实际上产生了多大程度的变化"[8]。教学评价是对学生学习状况是否改变的评价。教学评价既可以在教学过程结束之后进行，也可以在教学过程进行中实施。在教学过程结束之后实施，旨在检查学生学到什么、学得多好。在教学过程进行中实施，是为了及时反馈，让学生了解和调整自己的学习状态，让教师据此反思并改进教学。

教学评价主要指对教学设计方案、实施情况进行评价。根据教学评价的目的，教学评价一般包括诊断性评价、形成性评价和总结

8. 拉尔夫·泰勒. 课程与教学的基本原理 [M] 北京：中国机械工业出版社，2014.

性评价三种形式。诊断性评价是在教学设计前进行的评价，目的是了解学生是否具备学习新内容的知识和技能；形成性评价又称过程性评价，就是在教学设计成果的形成过程中进行评价，是发生在过程中的、旨在改进和完善教学的评价过程；总结性评价一般指一个教学阶段结束后，对教学和学习结果的评价。总结性评价一般是在教学结束之后实施，形成性评价强调的是过程，总结性评价强调的是结点。

《义务教育课程方案（2022 年版）》明确了在课程实施过程中全面落实新时代教育评价改革的一系列具体要求："全面落实新时代教育评价改革要求，改进结果评价，强化过程评价，探索增值评价，健全综合评价，着力推进评价观念、方式方法改革，提升考试评价质量"，"更新教育评价观念。强化素养导向，注重对正确价值观、必备品格和关键能力的考查，开展综合素质评价。倡导评价促进学习的理念，注重提高学生自我评价、自我反思的能力，引导学生合理运用评价结果改进学习"。

在教学设计评价中更多用到的是形成性评价，形成性评价能及时发现学习问题，快速做出反馈与教学调整。假如在教学过程中经过形成性评价，发现学生学习困难，难以达成设定的教学目标，为了及时予以补救，有必要对原有的教学设计进行修改和补充。"反馈"是形成性评价的重要特点。反馈的信息是评价内容与要达成的目标之间的差距，以及说明如何达到目标的方法。反馈是一个动态的、互动的过程。

L.W. 安德森等编著的《学习、教学和评估的分类学》指出，"教

师传统上经常被教育、教学、学习问题所困扰",我们做教学评价时要关注四个问题:

一是在时间有限的学校和课堂里,学什么对学生是重要的?(学习问题)

二是怎样计划和传递教学内容,才能让大多数学生产生高水平的学习?(教学问题)

三是怎样选择或设计评估工具和程序,才能提供学生学习效果的准确信息?(评估问题)

四是怎样确保目标、教学和评估三者之间保持一致?(一致性问题)

《义务教育语文课程标准(2022年版)》在"评价建议"部分指出了要注重过程性评价:"课堂教学评价是过程性评价的主渠道。教师应树立'教—学—评'一体化的意识,科学选择评价方式,合理使用评价工具,妥善运用评价语言,注重鼓励学生,激发学习积极性。""'教—学—评'一体化"必须指向教学目标,围绕目标统筹安排。即在设计教学目标时要包含评价的要求,在设计教学内容时要注意把评价内容考虑进来,在教学过程中要持续获取关于目标达成的信息。"教—学—评"一体化设计课堂教学评价,能让教师依据评价结果反思日常教学的问题和不足,优化教学内容,改进教学设计,调整教学策略,完善教学过程。

教学评价本来是中小学教师的一项重要的专业活动。但是,由于我们不专业的评价行为,零散、肤浅、应付式地随意点评,不但不能促进教师提高教学水平,还会影响教师提升自己专业素养的积极性。

　　我们常常听到这样的教学评价："这堂课教学目标明确，教学思路清晰，是一堂好课"，"这堂课课堂气氛活跃，学生积极主动参与，能够提出问题，敢于发表见解，是一堂好课"，"这堂课教师面向全体学生，进行了积极有效的引导，是一堂好课"，等等。这样评课有两个显著特点：一是评课人主要根据自己的主观感觉对一堂课进行评价，没有教学场景描述，没有事实依据支撑。这样评课也许能在一定程度上揭示隐藏在教学过程中的某些规律，但由于评课人学识、经历、经验的不同，往往会以主观评判掩盖客观事实，甚至会出现不同的评课人对同一堂课截然不同的评价。二是这样评课关注的目光主要集中在任课教师的教学方法上，关注点在教学环节是否环环相扣，教学设计是否行云流水般顺畅，课堂气氛活不活跃，学生学得认不认真，回答问题积不积极等。而且，我们的一些评课标准维度设计上重心也是在评价任课教师"如何教"上。如一个评课指导意见给出的维度主要有以下几个：教学目标、教学过程、教学手段、课堂气氛、教学反馈、教学效率，这些指标关注的主要还是在"怎么教"上，这在一定程度上给评课人一些误导。虽然"怎么教"重要，但"教什么"更重要，因为如果教学内容选择不当，再精致的教学方法也无济于事。何况不少评课标准往往是各个学科通用的，而教师是承担具体学科教学任务的人，忽视具体学科特点，用各学科通用的评课标准评价具体学科，又怎能触及学科本质，给出专业性的评价呢？

　　经验思维的特点是判断多论证少，尤其是基于数据的实证少。过去我们的课堂教学从课程设置到评价跟踪，往往凭经验进行。这种以经验为主导的教学评价往往存在着主观、臆测的缺陷，针对性和实效性都存在问题。评课作为一种教育研究方式，专业性是其存在的基础，评课的着力点应该落脚在学科的专业属性与专业要求上。如果评课仅仅关注教学展示是否精巧，教学流程是否顺畅，教学预设是否落实，那就有可能把一堂问题很大的课评为好课。

评课的着力点在哪里？看是否凸显学科特性，看能否发展学生的核心素养。只要我们选择的教学内容正确，没有偏离学科教学的轨道，即使我们的课堂教学不是那么精致完美，也不失为一堂有价值的课。

联合国教科文组织《反思教育：向"全球共同利益"的理念转变？》提出未来教师的三点核心素养之一是懂得大数据分析。这提醒我们在大数据条件下，教育将成为一门实证科学。《义务教育课程方案（2022年版）》强调："创新评价方式方法。注重对学习过程的观察、记录与分析，倡导基于证据的评价。"因此，我们要积极倡导基于证据的评价，以此来提高评课的专业性。基于证据的评价就是要用证据说话，用事实判断，避免评课的片面性、主观性、随意性。我们听课时要养成写听课笔记的习惯，尽可能地对课堂教学进程做出原始完整的记录。将课堂教学进程中的连续性事件分解为一个个相对独立的教学环节，对这一个个教学环节反复进行检视、反思、分析、推论，考察每一个环节与教学目标之间的关系，看目标的达成度，对课堂教学进行价值分析。游离于目标之外的环节及呈现的内容，就是需要改进的地方。通过数据分析和事实提炼，不断提高教师评课的专业性和针对性，帮助教师掌握基于证据的课堂研究方法。

【案例九】"小数乘整数"核心任务设计及素养表现分析

核心任务设计及素养表现分析

（一）结合情境，导入新课

从图中知道了哪些信息，问题是什么，怎么解决？用自己的语言说一说。

素养具体表现：学生能用数学的眼光发现生活中的数学问题，并尝试分析和解决问题，能列出正确算式：9.5×3，表达算式的意义。

教师教学行为：教师针对学生的语言表达能力及时评价，鼓励学生将具象的问题数学化，培养学生对数量关系的逻辑分析能力和语言表达能力，相机渗透的数学模型：总价 = 单价 × 数量。

（二）自主探索，"理""法"相融

任务一：探究 9.5×3 的计算方法。

1. 用不同的方法计算 9.5×3，可以通过画一画、写一写、算一算，把你的思考过程记录下来。

2. 小组交流方法。

3. 全班交流。

学生作品:

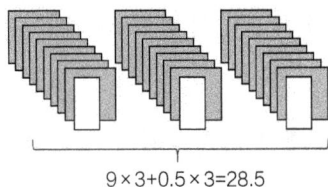

$$9 \times 3 + 0.5 \times 3 = 28.5$$

①

$$\begin{array}{r} 9.5 \\ 9.5 \\ + \ 9.5 \\ \hline 28.5 \end{array}$$

②

9.5 元 =95 角
95 × 3=285 角
285 角 =28 元 5 角 =28.5 元

③

$$\begin{array}{r} 9.5 \\ \times \quad 3 \\ \hline 28.5 \end{array} \qquad \xrightarrow{\times 10} \atop \xleftarrow{\div 10} \qquad \begin{array}{r} 95 \\ \times \quad 3 \\ \hline 285 \end{array}$$ （95 个 0.1）

（285 个 0.1）

④

素养具体表现:

1. 学生能通过交流展示读懂别人的思维过程,发现小数乘整数的计算可以利用已经学过的小数加法知识、单位转换、几何直观、积不变的性质转换成整数乘整数来计算等。能自信表达出自己的观点,学会接纳别人不一样的思维方式并变成自己思维能力的一部分。

2. 能在观察、分析、质疑、概括中体悟小数乘整数的计算方法。

3. 通过对比分析提炼概括出小数乘整数的最优方法,能迁移类推在其他的小数乘法中,如两位小数乘整数甚至小数乘小数。

4. 教学聚焦在学生之间的说理,明白④号作品为什么要将小数乘10 转化成整数,后面乘得的积为何要除以 10。积的小数点位置如何确定,这中间经历了什么? 它们和计数单位之间又有怎样的联系?

教师教学行为:

教师给予学生放手体验的机会,让学生感受到学习氛围的松弛感及思维辩论的紧张感，以探促学、促悟，在交流分享中适时地介入，帮助学生打通思维的痛点，使其"柳暗花明"，通过对比分析帮助学生把知识串成线、连成片、织成网，以全局思维建构知识脉络。

任务二：

1. 根据任务一的探究过程，思考小数乘法怎样确定小数点的位置？

2. 95×3 可以帮助计算 9.5×3，除此还能想到哪些乘法算式？

3. 根据写出的算式试着从计数单位个数角度写一写、填一填、说一说你的发现。

学生作品：

1. 积的小数点位置与乘法中的小数数位有关，如果有一个乘数是一位小数，那么积的小数点就点在从右面数的第一个数字前面。即乘数上小数位数之和是几，那么积就是一个几位小数。

2.　$0.95×3$　　　　$9.5×0.3$　　　　$0.95×0.03$

3.　$0.95×3$　　　　$9.5×0.3$　　　　$0.95×0.03$

$=95×0.01×3$　　$=95×0.1×3×0.1$　　$=95×0.01×3×0.01$

$=(95×3)×0.01$　$=(95×3)×(0.1×0.1)$ $=(95×3)×(0.01×0.01)$

$=285×0.01$　　$=285×0.01$　　　$=285×0.0001$

$=2.85$　　　　$=2.85$　　　　　$=0.0285$

素养具体表现：

1. 能够将小数的乘法转化为整数的乘法。

2. 准确把握小数转化为整数扩大或者缩小的倍数对积的影响。

3. 将算式转换成计数单位个数相乘，沟通算理与算法本质的一致性，凸显积的小数点定位问题。

教师教学行为：

笔算乘法的提炼是一个递进的过程，引导学生回忆是怎样确定积小数点的位置，在联系中沟通比较，寻理入法，明晰积的变化规律，为运算能力的提升打下基础。

任务三：请你用 20 元到超市购买水果，可以怎样购买？买多少？

素养具体表现：

1. 学生能利用开放的问题情境将小数乘法知识进行迁移应用。

2. 学生利用在复杂的问题解决过程中，灵活合理地选择物品并进行正确计算，发展高阶思维能力。

教师教学行为：

通过任务驱动培养学生以数学的思维思考现实世界，感受数学与生活之间的联系，将抽象的数学知识具体化、生活化、情境化。在这个过程中教师可以更加多元的评价方式发现学生能力的生长点，如口头表述、数形结合、列式计算等，让不同的学生获得不同程度的发展，为核心素养培育提供更加宽阔的土壤，打通发展的多维路径。

落实"教—学—评"一致性可以从三方面入手：目标设定凸显核心素养内涵，课标、教材、学生三要素协调一致，有思路明晰的目标达成路径；内容关注核心素养，通过对教材文本价值解读是将教材"教活""教深"的关键；实施过程关注核心素养，设计行之有效的活动去落实并回应目标与教材的编排意图，落实学生的表现性评价。

在整个评价过程中教师应关注学生发展情况，明确评价内容与要求，将目标与活动对应的表现落实落细，关注教学中学生数学思维活动的过程，以评价激活学习内驱力，促进学生关键能力提升。同时，对于问题解决的评价也是不容忽视的，学生在问题解决的过程中，不仅要对问题进行透彻分析，还要能灵活运用数学思维方法促进自我有效地反思，在不断地修正完善中优化自身的思维结构，为核心素养的形成提供持续不断的动力。

下篇

课例分析

课例一：是谁"摘"去了祥子的心？
——《骆驼祥子》整本书阅读课堂实录

执教：肖林波（重庆市初中语文现场赛课一等奖获得者）

师：上课，同学们好！《骆驼祥子》这本书你们读完了吗？

生：读了读了。

师：考考大家，读这段文字，写的是谁？再读这段文字写的又是谁？

（PPT出示：他积极、乐观、自信，他善良、朴实、憨厚，他勤劳、不怕吃苦，从吃里喝里节省，在风里雨里咬牙，为了实现自己的梦想，他坚持不懈地努力拼搏着！）

生：（读）这是祥子。

（PPT出示：他失魂落魄地走在街上，已经完全堕落了。他吃喝嫖赌，偷奸耍滑，出卖朋友，投机倒把，成了一个地地道道的无赖、社会渣滓，成了个人主义的末路鬼，就这样走到了自己的末日……）

生：（读）这也是祥子。

师：是什么原因让祥子前后判若两人，让一个人发生如此大的变化？文本中有一段话这样说：

他吃，他喝，他嫖，他赌，他懒，他狡猾，因为他没了心，他的心被人家摘了去。

生：（读）

师："他的心被人家摘了去"，到底是谁摘了祥子的心？

生：社会的混乱，比如军阀混战。

生：整个社会人们内心的自私。

生：祥子自身的性格原因。

师：造成祥子悲剧的有军阀混战、资产阶级剥削压榨的社会原因，有当时人与人之间人心的麻木和冷漠，除了这些原因之外，也有祥子自身的原因。我们常用三起三落来概括祥子的一生，这节课我们就主要从发生在祥子身上"三落"的事件中走进祥子的内心。

师：让祥子开始失望的第一件大事是？

生：车被抢。

师：祥子的车是怎么被抢的？请大家读小说 11 页、12 页的段落。

生：祥子冒险去拉车，结果车连人一起被带走。

师：祥子知道"清华"这边有危险吗？

生：知道。文中有写。

师：那他为什么还要冒险出车？我们来读读这一段文字。

生：（读）"大个子"三个字的赞美让他破了心理的防线。

师：光头小伙子是真心地赞美吗？

生：不是，只是他及时地抓住了祥子的外形特征并喊出来。

师：可为什么在祥子心里却掀起了巨大的波澜？

生：他很虚荣，把这句话当作别人对自己的夸赞。

生：祥子没父母，没亲人，在生活中缺少肯定和关爱，对这样的肯定尤其渴望。出于自卑、虚荣的心理，为了配得上这"大个子"三个字，哪怕有危险也要对得起人，给人家面子。

生：他面对危险盲目自信，心存侥幸，对当时的局势没有清楚的认识。

师：就这样，危险如期而至，祥子和他的车被十来个兵捉了去。由此，我们看到一个怎样的祥子？

生：自卑、虚荣。（板书）

师：我们再读祥子的"第二落"事件。

生：祥子的钱被孙侦探敲诈。

师：也用三个字概括：钱被讹。孙侦探是用什么办法对祥子敲诈的？（读这些句子）

（PPT出示：孙侦探：

"我马上就可以拿你，你要拒捕的话，我开枪！"

"把你放了像放个屁！"

"把你杀了像抹个臭虫！"

"动手没你的，我先告诉你，外边还有一大帮人呢！"

"你谁也没招；就是碰到点儿上了！人就是得胎里富，咱们都是底儿上的。"）

生：（自由读）

师：你读出了孙侦探的什么？

生：我从"我马上就可以拿你，你要拒捕的话，我开枪！"和"动手没你的，我先告诉你，外边还有一大帮人呢！"读出孙侦探在威胁祥子。

生：我从"把你放了像放个屁！"和"把你杀了像抹个臭虫！"读出孙侦探瞧不起祥子、鄙视祥子。

师：可是同学们，孙侦探其实也是跟祥子一样地位的人呀！他用这样的说法来贬损祥子，来踩低他，这样的语言在祥子的内心有没有起到作用？

生：这些话也让祥子觉得自己的无能和卑微，无奈又无力，只有认怂。

师：你的思考很深入，发言也很有层次。这就是我们所说的"伤害性很大，侮辱性也极强"。

师：孙侦探的恐吓、威胁对祥子有用吗？（读这些句子）

（PPT 出示：祥子：

"祥子立起来，脑筋跳起多高，攥上了拳头。"

"'我招谁惹谁了？！'祥子带着哭音，说完又坐在床沿上。"

"祥子又想了会儿，没办法。他的手哆嗦着，把闷葫芦罐儿从被子里掏了出来。"

"祥子看着那些钱撒在地上，心要裂开。"

"祥子没出声，只剩了哆嗦。"

"祥子还没出声，哆嗦着要往起裹被褥。"

"祥子咽了口气，咬了咬嘴唇，推门走出来。"）

生：（读）

师：祥子的内心是怎样的？

生：我从"祥子立起来，脑筋跳起多高，攥上了拳头"的几个动词读出了祥子内心的愤怒。

生：老师，祥子的这几段话里"哆嗦"这个词反复出现了几次，我读出了他内心的害怕。

师：你很会读书，抓了文本中反复出现的词语，这样的词语和句子是关键句，我们可以从这些关键句入手走进文本，深入人物。

生：我从"祥子咽了口气，咬了咬嘴唇，推门走出来。"读出了祥子的妥协隐忍。

师：从这些话语里我们又看到了一个怎样的祥子？

生：胆小、懦弱怕事。（板书）

师：我们接下来要读的段落与祥子的"三落"事件有关。

生：祥子被虎妞骗婚，人被骗。

师：在祥子心里，他怎么看虎妞？（读）喜欢虎妞吗？厌恶至极，可为什么还要与她结婚。

（PPT出示："当个娘们看，她丑，老，厉害，不要脸！就是想起抢去他的车，而且几乎要了他的命的那些大兵，也没有像想起她这么的可厌！"）

生：（读）

师：面对虎妞的纠缠，我们看祥子又是怎么应对？（读64页）

（PPT出示："别嚷！"祥子似乎把全身的力量都放在唇上，爆裂出这两个字，音很小，可是极有力。

"别嚷！"祥子唯恐高妈在门里偷着听话儿。"别嚷！这边来！"他一边说一边往马路上走。

"别嚷行不行？"祥子躲开她一步。）

师：这一段与虎妞的对话，出现最多的是哪个词语？"别嚷"。我们来读读。你读到了祥子内心的？

生：我读到祥子内心的"害怕"。

师：我们还是通过上面同学的读书方法，抓文中反复出现的词语"别嚷"。

师：害怕什么？

生：怕名声搞坏。

生：文本中有句话说"怕成为别人口中那个偷娘们儿的人"。

师：这位同学一定是细读了文本的，才会如此准确地说出祥子内心的害怕，为你点赞！

师：与其说怕别人乱说，落得一个坏名声，倒不如说他太在乎别人对自己的……

生：评价。活在了别人的评价里。

师：虎妞幸福吗？嫁给了一个不回家的男人。出现在祥子生命中还有一个特别的女人是……

生：小福子。

师：我们来读读祥子心中的小福子。

（PPT 出示：在他眼里，她是个最美的女子，美在骨头里，就是她满身都长了疮，把皮肉都烂掉，在他心中她依然很美。她美，她年轻，她要强，她勤俭。）

生：（读）

师：祥子深爱着小福子，可祥子终究是负了她，为什么？

（PPT 出示：经过这一场，在她身上看出许多黑影来。他还喜欢她，可是负不起养着她两个弟弟和一个醉爸爸的责任！他不敢想虎妞一死，他便有了自由；虎妞也有虎妞的好处，至少在经济上帮了他很多。他不敢想小福子要是死吃他一口，可是她这一大家人都不会挣饭吃也千真万确。）

生：负担不起小福子的爹和弟弟。

生：被小福子的负担吓退了。

生：不敢承担小福子背后的累赘。

师：此处，我们又看到了祥子怎样的内心？

生：不敢承担，自私。

师：这个词用得很准确，"自私"。（板书）

师：我们再读读发生这些事情后祥子的心理活动。

（PPT出示：祥子逃出了军阀，他想"一切都是天意"；钱被讹后，他觉得"自己什么都不行"；虎妞骗他"结婚后"，他这样想"洋车夫的命当如此，就如同一条狗必定挨打受气，连小孩子也无缘无故地打它两棍子。这样的一条命，要它干吗？豁上就豁上吧"。）

生：（读这些句子）

师：小福子死后，他又怎么想？老马事件后他怎样想？

生：（从文本中找祥子心理活动的句子读）

师：从这些心理活动的句子里我们又看到一个怎样的祥子？

生：遇到事情后的悲观和消极，总在责怪自己。

师：还有他不是想挣钱嘛，高妈给他支招，他怎样想？叫他把钱存银行得利息，他又认为"是骗局"。

生：（从文本中读句子）

师：你又看到一个怎样的祥子？

生：固执保守，愚昧无知。

师：祥子这也不敢，那也不行。鲁迅说"不在沉默中爆发，就在沉默中死亡"，祥子一生也毁在"不"字上，我们一起来总结祥子的"不"？

（PPT 出示：1.面对危险不撤退；2.面对讹诈不反抗；3.面对不爱不拒绝；4.面对真爱不承担；5.面对挣钱不大胆……）

师：祥子本身的个性再加上这一系列事情的发生，让他彻底地崩溃了，所以最后，他彻底堕落，沦为人渣。除了军阀混战的社会背景让好人没得活路，他的心到底还被谁摘了去？

生：被他自己。

师：（PPT 出示：老舍先生说："我所要观察的不仅是车夫的一点点地浮现在衣冠上的、表现在言语姿态上的那些小事情了，而是要由车夫的内心状态观察到地狱究竟是什么样。"）

师：祥子地狱一样的内心状态是什么样的？

生：虚荣自私，胆小懦弱，死要面子。

生：盲目隐忍、逆来顺受。

生：目光短浅又保守顽固。

师：如果祥子就在你面前，此时，你想对祥子说点什么？

生：祥子，如果你能勇敢地伸出拳头，你的钱就不会被讹。

生：祥子，如果你真爱小福子，你不会被她背后的负担吓退，小福子也不会自尽。

……

师：同学们的发言很精彩。同学们，《骆驼祥子》至少读三遍，第一遍读到悲苦的祥子，第二遍读出老舍先生写这本书的初衷，第三遍我们读懂自己。经典，常读常新，这也正是今天为什么我们还在读它的原因。

生：（读）

（PPT出示：老舍说：祥子的遭遇就是一场悲剧，作者把这悲剧撕碎给人看。书写社会的疾病，也剖析个人的疾病，用这悲剧的力量警醒世人。）

师：个人的病不在身体，而在内心。老师做了一个总结，大致有以下几种症结。

（PPT出示：得到一点肯定就盲目自信，表扬浮飘；被人一骂心里就垮塌崩溃，批评恐惧；总以为有很多人在关注自己，主角偏执；遇到事情就情绪低落自我否定，悲观消极。）

师：反观我们自己，是否也有同样的症结，你想对自己说点什么？把想对自己说的话写在卡片上，我们一起来分享。

生：读了"祥子"，我想对自己说，面对别人的不合理要求要敢于说"不"。

师：好样儿的，做个勇敢的人。

生：读了"祥子"，我想对自己说，做个敢爱敢恨的人。

师：是的，敢担当。

生：读了"祥子"，我想对自己说，要学会正确判断别人的夸赞和批评。

师：我们要学会正确认识自己，通过丰富自己的内心来提高我们的认知。

师：同学们，这节课我们通过走进作品，走进祥子，更走进自己。新时代的祥子依然有，让我们善待他们，更希望我们不要成为新时代的祥子，强大自己的这颗"心"！愿我们用积极乐观的心态，编织一身温暖的铠甲，生活吻我以痛，我却报之以歌！下课，谢谢大家！

【课例评析】

在部编版七年级下册的经典名著《骆驼祥子》的阅读教学中，我致力于通过有创意的教学设计，打造出一个既深刻又生动的语文课堂。以下是我对本次整本书阅读教学的一些思考与实践总结。

一、以"一句立骨"为线索，贯穿课堂始终

整本书阅读教学往往面临内容庞杂、切入点众多的挑战。为了使课堂既简约又富有深度，我选择了文本最后章节中的关键句"他吃，他喝，他嫖，他赌，他懒，他狡猾，因为他没了心，他的心被人家摘了去"作为整堂课的灵魂线索。围绕"谁摘去了他的心"这一核心问题，引导学生深入剖析祥子的个性心理变化过程。通过这一线索，课堂结构变得清晰明了，前后呼应，形成了一个统一完整的叙事框架。这一过程不仅锻炼了学生的信息提取与批判性思维能力，还触及了情感态度与价值观的培养，让学生深刻理解社会与个人命运的交织，形成对人性复杂性的深刻认知，这正是核心素养中"人文底蕴"与"责任担当"的生动体现。

二、以"声声朗读"为媒介，深化情感体验

面对整本书阅读的庞大文字量，我精心挑选了多个精彩片段进行选读和精读，并注对重朗读技巧的指导。通过朗读，学生不仅能够更直观地感受到作品中人物的情感波动，还能在声音的起伏中加深对作品的理解。例如，通过朗读语言描写的句子，学生能够体会到侦探的虚假与残忍；通过朗读人物动词，学生能够感受到祥子内心的懦弱与绝望。这种朗读教学法不仅让课堂充满了读书声，更让学生的阅读体验变得声情并茂，有效提升了他们的阅读兴趣和理解能力。在这一过程中，学生的阅读理解能力、语言表达能力以及审美能力得到了显著提升，这正是关键能力中"阅读素养"与"表达交流"的直接体现。同时，朗读也激发了学生的情感共鸣，使他们能够更加深入地走进作品，与人物同呼吸共命运。

三、以"一字警醒"为桥梁，连接文本与自我

在备课过程中，我深刻体会到老舍先生通过《骆驼祥子》所揭示的社会与人性问题。特别是"病"字，既指社会的病态，也指人性的缺陷。我引导学生思考：除去社会的"病因"，个人的"病"又生在哪儿？通过对这一问题的探讨，学生开始将作品中的人物与自身联系起来，进行自我反思和心灵拷问。他们意识到，每个人心中都可能存在"病"的隐患，需要时刻保持警醒和自省。这种从作品中走出、回到内心的过程，不仅加深了学生对作品的理解，也促进了他们的个人成长。在《骆驼祥子》的阅读与教学中，我尤为注重引导学生反思自我，形成健康的必备品格。通过"一字警醒"的教学环节，我引导学生关注作品中的"病"字，探讨社会与个人的双重病症，进而引发学生对自身及时代的深刻思考。这一过程不仅培养了学生的自我反思能力，还促使他们形成积极向上的人生态度

与价值观，勇于面对并克服生活中的困难与挑战，这正是必备品格中"健康生活"与"勇于担当"的生动实践。

阅读是学生的个性化行为，也是培养学生语文核心素养的重要途径。在名著导读课中，我始终致力于激发学生的阅读兴趣，引导他们真正走进作品、理解作品。同时，我也注重培养学生的阅读方法和习惯，鼓励他们将名著阅读落到实处、持之以恒。

课堂教学是一门不完美的艺术，需要我们在实践中不断探索和完善。在整本书阅读教学的实践摸索中，我将继续学习、创新、反思和改进。我相信，只要我们保持对教学的热情和执着追求，就一定能够打造出更加生动、高效、富有生命力的语文课堂。在未来的教学实践中，我将继续秉持"但行'研'事，久久为功"的信念，不断创新教学方法，优化教学设计，努力让每一节阅读课都成为滋养学生心灵的甘露，为他们的成长之路铺设坚实的基石。

课例二：《一堂习作课的心理学视角》[9]

一堂话题为《记一次游戏》的语文习作大赛观摩课，教师讲得生动形象，师生积极互动，课堂气氛热烈，整个课堂如行云流水般顺畅；教学目标明确具体，达成也不错，教学设计合理，教学内容切合学情，教学过程主题突出、条理清晰、重难点得到了突破。似乎一切都无可挑剔，但又感觉有些不对劲，到底哪里出了问题？下面一起来看看这节课的教学片段。

这课在小学四年级上册第六单元，单元导语中的习作要求是："记一次游戏，把游戏过程写清楚"，要求学生写一次游戏，把游戏过程和印象比较深刻的地方写清楚，写出自己的想法和感受。课堂上，教师设计了两次玩游戏后的写作训练。第一次游戏名为"汉字听写大赛"，师生一起先讨论游戏规则，再制定出游戏规则，最后宣布游戏规则：第一，老师念什么，同学们就写什么；第二，老师宣布游戏开始就开始；第三，同学们自己写自己的，不能东张西望、交头接耳；第四，听写的时间是一分钟。宣读完游戏规则，老师说道：

---

9. 刘春柳 . 一堂习作课的心理学视角 [J]. 新教育，2020（12）

"四（1）班汉字听写大赛现在开始，你准备好了吗？"接下来教室里异常安静，绝大部分学生在静静等待老师念出听写内容。只有课件上的倒计时器在一秒又一秒地进行数字变换。眼看时间越来越少，老师仍然没有出声。五，四，三，二，一，时间到。老师请同学们分享听写的内容。全班只有一个同学写了"你准备好了吗？"，其他同学都没有写任何内容。然后老师说道："在公布正确答案之前，请大家再读一次游戏规则。"这时候所有的同学都明白了，原来听写的内容就是：你准备好了吗？游戏完毕，老师说："我很想知道刚刚这个过程，你是怎么想的？"接着开始采访几位学生的感受。

生1：我很着急，时间越来越少了，老师为什么还不念？

生2：我很担心，老师是不是忘记要听写的那些字词了。

生3：我也是担心，老师一直不念内容，到时候一分钟能写几个字呢？完不成任务怎么办？

生4：我觉得莫名其妙，老师这是在干吗？我们到底要写什么呢？

师：那你猜到了吗？

生4：没有。

生5：我很害怕，汉字听写写不好，回家妈妈又要骂我。

第二次游戏名为：趣味听写。老师将全班同学分成6个小组，由每一组的组长上台抽取本小组同学的写字方式（左手写、右手写、左右手各拿一支笔写、右手拿两支笔写、闭着眼睛写、从右往左写），各小组成员必须按照组长抽到的方式进行听写。游戏之前老师进行采访："你现在的心情怎么样？是怎么想的？请你再猜猜其他同学的心情怎么样？"

生1：我很难过，为什么我们这一组运气这么不好，居然抽到拿两支笔写。抽到右手写的同学一定在等着看我们的笑话。

生2：我很悲哀，左手怎么写字呢？我愿意抽到一只手拿两支笔写，他们这一组就比我们好，一定在心里暗暗高兴吧。

生3：我很高兴。我们运气最好，像中了彩票一样。我就等着看他们出丑，其他组的同学心里一定很不舒服吧。

生4：我很担心，我们这组肯定要输。因为我们抽到左右手都要写，我从来没有用左手写过字，过一会儿写的字不知道有多丑。其他同学一定会笑话我们吧。

生5：我好气愤，为什么我们组长的手那么臭，抽到了闭着眼睛写。我们也太倒霉了，闭着眼睛就像瞎子一样，怎么写字嘛。其他组的同学一定太可怜我们了。

生6：我挺紧张的，我们这组抽到从右往左写，虽然简单，但是我们也不能保证能很好地完成任务，因为我们组差生多，很可能失败。

学生分享完毕后开始游戏。接下来采访学生游戏后的感受，然后进行第二次习作。同学们分享的内容和游戏前的分享内容大同小异，多是伤心、难过、担心、不公平等情绪。事实上两次游戏都设计得很巧妙，也很有趣，直接撞击学生的心灵，让学生感受深刻，这也是老师的教学设计意图所在。

可问题出在同学们分享的情绪都是负面性的，整堂课没有一个学生分享出对游戏的期待，没有分享出高兴、快乐、有趣等积极情绪。虽然有一个学生分享了自己高兴的心情，却是幸灾乐祸的。课后，我收集了全班 54 位同学的两次习作稿共 108 份。对学生习作内容里面表达游戏感受的情绪词语全部进行了记录，共计 238 个，按照四类基本情绪喜、怒、哀、惧进行归类，然后统计如下。

基本情绪	数量 （占总数的比例）	情绪词语列举
恐惧（惧）	88（37%）	担心、紧张、焦虑、着急、害怕、难受、奇怪
愤怒（怒）	74（31%）	不满、不悦、不公平、不高兴、气愤、丧气、生气
悲伤（哀）	59（25%）	伤心、难过、悲哀、痛苦、失望、绝望、悲观
快乐（喜）	17（7%）	有趣、有意思、高兴、快乐、开心、欢快、愉快

从以上统计数字可以看出，担心、紧张、害怕等恐惧情绪占情绪词语总数的 37%，不满、不公平、气愤等愤怒情绪占情绪词语总数的 31%，伤心、难过、失望等悲伤情绪占情绪词语总数的 25%，有趣、高兴、开心等快乐情绪仅占情绪词语总数的 7%，课堂上，学生的积极情绪"快乐"严重不足。这需要引起重视，并加以改变。

积极情绪即正性情绪。情绪认知理论认为，积极情绪就是在目标实现过程中取得进步或得到他人积极评价时所产生的感受。对中小学生而言，积极情绪在拓宽和建构学生持久的心理资源和学习能力等方面具有非常重要的作用。第一，积极的情绪能够增强学生的生命韧性和心理韧性，帮助学生更好地应对学习和生活中的挫折和挑战。第二，积极情绪有助于学生建立广泛的社会支持体系，从而在心理上获得更多的正向资源和帮助。第三，积极情绪有助于学生增强学习能力。当学生处于积极、乐观的情绪状态时，他们的大脑会释放更多的多巴胺和血清素等神经递质，这些神经递质有助于学生的注意力和记忆力提升，如多巴胺能提高注意力，而血清素则有助于长时记忆的形成。第四，积极情绪能降低学生的学习压力和焦虑。当学生的过度压力和焦虑得以缓解，就会减少因压力和焦虑导致的不合理信念，使学习过程科学合理。总体而言，积极的情绪不仅在短时间内有助于学生应对困难和挑战，优化学习过程，还在长时间内有助于学生构建和维持健康的心理结构，提高学习效果。作为教师，我们不仅需要帮助学生克服消极情绪，更需要引导出学生的积极情绪，让学生获取积极力量。

培养学生的积极情绪，可从以下几方面入手。

一、克服畏难情绪，增强学习信心

在学习上表现出畏难情绪是学生的普遍现象。学生之所以畏难，往往是三种原因造成的，不想做，不敢做，不会做。不想做是因为没有兴趣，不敢做是因为害怕失败，不会做是因为能力不足。在学生的习作中，有的写道："一听到老师说，到录播室上作文公开课，我就没兴趣了。""我们组用两只手写字怎么敢和他们用一只手写字的组进行比较，只有输的份儿了，哎！"

要克服学生的畏难情绪，增强学习信心。首先，要坚定学生克服困难的勇气。有这样一句话：无论面对什么样的困难，比克服困难的技能更重要的，是克服困难的动机。所以坚定克服困难的勇气尤其重要。其次，要有战胜困难的信心。不要比赛还没开始就先认输了，要相信自己，当学生相信自己可以战胜困难，并积极自我暗示，他就有更高的概率去完成各种任务。最后，要不断尝试，不怕失败。既要有屡败屡战的意志力，也要有坦然面对失败的心态。

二、体验快乐情绪，享受学习过程

美国教育学家布鲁姆说过："一个带着积极情感学习课程的学生，应该比那些缺乏感情、乐趣或兴趣的学生，或者比那些对学习材料感到焦虑和恐惧的学生，学习得更加轻松，更加迅速。"在教学实践中我们常常看到，学生的学习活动总是伴随着情绪体验。学生会因为掌握某方面的学习技能产生自豪感，会因为考试成功而带来喜悦感，会因为学习不好产生挫折感，但也有太多的学生只注重学习结果，忽视了学习的过程体验。前面的课堂片段和学生的习作内容也表现出，学生在听写时就只想到完成听写任务，最好是一个字词都不写错。在小组比赛环节也只想尽量完成任务，赢得比赛。学生忽视了生动有趣的游戏参与过程，在没有深刻体验和丰富感受下写出来的作文，也就少了鲜活和灵动。多数学生的习作只是写出了为了赢得游戏结果的担心、着急、焦虑等，少有学生写出这一次游戏是有趣的，也少有学生写出自己在游戏过程中是欢快雀跃的。因此，教师需要引导学生体验学习过程中的快乐情绪。

教师可以从学生的具体学习行为入手，引导学生体验学习的快乐。如为作文写得又快又好而愉悦，为高质量完成了老师布置的学习任务而快乐，为克服重重困难改变了不良学习习惯而高兴，经过自己的努力获得了好的成绩而内心甜蜜，遇到难题百思不得其解而后豁然开朗的欣喜。有了快乐的学习体验，学生才能于体验中感悟，才能真正享受学习的过程。

三、减少焦虑情绪，提升学习效率

在前面的课堂教学片段里，学生分享了这样的一些感受："我很着急，时间越来越少了。""我很担心，老师是不是忘记了要听写的那些字词了。""老师这是在干吗？我们到底要写什么呢？""完不成任务怎么办？"……这些感受直接体现了学生的过度焦虑情绪。统计表中的数据也显示出，有担心、紧张、焦虑等情绪的学生是最多的，占总数的 37%。虽然适度焦虑对学生而言不是坏事，因为心理学上的耶基斯－多得森定律表明，适度的焦虑水平可以促使学生保持适宜的学习动机，学习效率是最佳的。但过度的焦虑会降低学生的学习效果。

首先，教师要善于观察学生的情绪变化，帮助他们及时消除负性情绪的影响。学生的脸就是情绪晴雨表，他们的所有情绪都会很明显地表露在脸上，只要用心去观察发现，就能帮助学生的情绪由负到正。其次，教师要发挥积极情绪的榜样作用。因为情绪具有感染性，容易通过模仿习得，因此，积极情绪的榜样作用，对于学生的成长尤为重要。教师要将积极阳光和正能量的一面展现给学生，不要动辄对学生发脾气，不要在学生面前唉声叹气、颓废愤懑等。除了自身的引导，教师还要有策略地引导家长发挥积极情绪示范作用，为他们的孩子做好家庭榜样。最后，教师要开展多种活动，让学生在活动中宣泄负性情绪。学生最感兴趣的是参加丰富多彩的活动，在活动中，他们情绪高涨、喜笑颜开，一些负性情绪渐渐淡离，随着活动的进程而消失。

课例三：“小小鞋码大学问”

执教：谢玲（重庆市小学数学现场赛课获奖者）

教材分析：

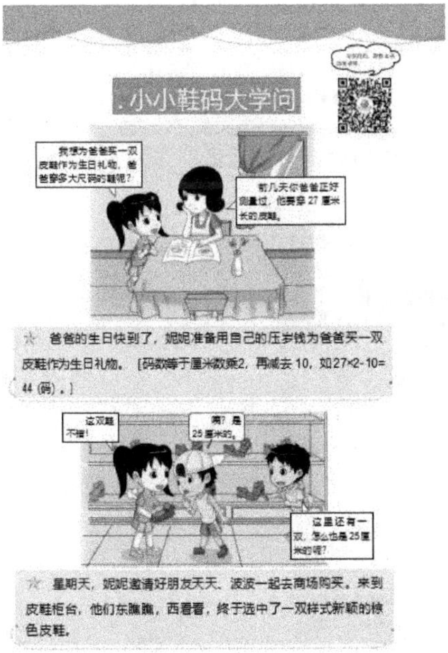

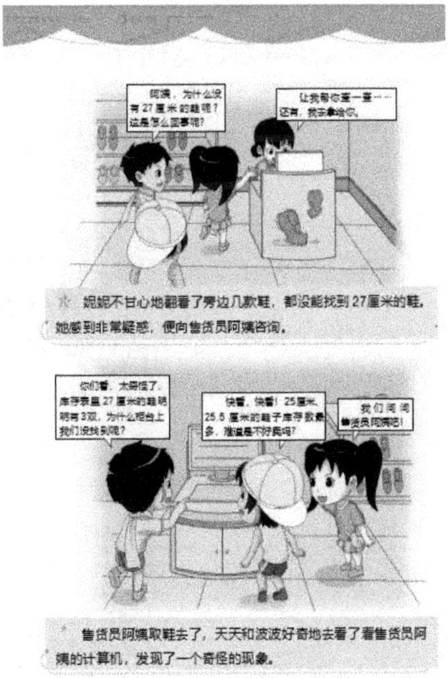

《小小鞋码大学问》在数学文化读本三年级下册第9课。《义务教育数学课程标准（2022年版）》总目标中指出：应让学生体会数学与生活之间的联系，探索真实情境中蕴含的数量关系。在数学学习过程中培养学生的好奇心和求知欲，了解数学的价值，提高学习数学的兴趣，形成质疑问难和勇于探索的精神。

教师拿到一种学习材料首先应该思考它的教学价值是什么？如何将它转化为课堂教学内容并使之序列化？如何通过资源调配转化为学生可接受、可操作、可发展的学习材料？这些都需要我们深思熟虑，既要考虑课标要求，又要兼顾学生认知水平。因教材提供的资源有限，我做了如下资源开发与利用，同时通过教学活动促进学生核心素养的发展。下面我从三个方面逐一分析。

一、合理利用教学素材，知识学习序列化

读本利用真实情境的创设，让学生感受到数学与生活之间的联系，带着数据的"眼睛"思考现实世界。妮妮为爸爸买鞋过程中隐含着鞋码与脚长之间的关系，但是学生无法通过一组脚长和鞋码的数据顺利看出它们之间的数量关系。这就需要教师为学生提供丰富的学习材料，让学生在感受中经历，在行动中应用，在思考中超越。我所提供的就是三组数据分别代表不同的年龄层次，让学生借助生活经验猜一猜，利用推理辩一辩。三组数据分别指向：一是男士的鞋码和脚长；二是目前该年龄段学生的鞋码和脚长；三是婴儿的鞋码和脚长。在分析推理的过程中，借助生活经验想一想，巧妙利用量感进行类比等初步感知数据存在的价值。

二、以实践活动为载体，发展学科核心素养

教材提供的是一个情境素材，很多教师会直接将情境再现，然后呈现教材中的问题，进而解决问题，一节课便告一段落。这对于学生而言，意义何在？如果学生自己看课本能得到结果，对教师而言是应该思考不教，还是如何让问题解决过程可视化？在备课前期我也曾迷茫过，除了教材中的这些，我到底要学生得到的或者我需要培养学生的是什么？"能力"这个词语最先浮现在脑海里。我并没有改变情境，只是创造性地将问题变为了活动，将活动包裹了知识。根据库存表请同学们分析为什么库存有而货架没有这类鞋子？某些鞋码的鞋子裤子特别多是因为不好卖吗？学生需要经过思考分析，读懂数据背后的原因并给出合理的解释。

如果说初步的分析解释数据是实现"四基""四能"的有效方式，那么，接下来就是教师对学生素养能力培养的关键，通过问题激起思维的"浪花"。如果你是售货员你会怎样在有限的空间、合理的布局、精心的安排下摆放鞋子呢？通过小组合作，动手摆放，经历知识的内化，变成成长的能力。学生的基础不同、思维方式不同、解决问题的能力也不同，但是问题的开放性让每个学生的发展成了可能。

整个教学设计都在基于教材内容的基础上与学科核心素养表现进行对接，培养学生的数据意识作为教学的背景"主线"，以实际问题的解决作为学生知识获得的"引线"，引领学生步步深入到情境中探寻数据的价值所在。

三、立足核心概念，实施教学评价

本课的核心概念是数据意识的培养，它是数学 11 个核心素养表现之一——学生需要在这个过程中去经历数据意识形成的过程，即收集—整理—分析—解释—应用。教学中可采用"双线"并进，关注知识的形成和能力的发展，"明线"的知识和"暗线"的数学思想融通发展。基于生活现象抽象出数学问题，通过"四基""四能"培养过程再次反哺到生活中问题的解决。教师在这个过程中是策划实施者，学生活动中的表现便是对知识的理解与应用程度的体现。依据学业质量标准要求，不同层次的学生发展到什么程度，教师适时地介入与引导也是在对教材理解的基础上去灵活分辨与处理。基于对教材的理解，我在教学的最后环节设计了数据相关链接视频，直观感受数据带给我们的便捷，感受祖国的强大和人民生活水平的提高，用素材体现育人价值，实现增值性评价。

课前准备：垫板、学习单

教学目标：

1.通过测量活动使学生经历数据收集过程，整理杂乱无章的数据并为自己选择合适的鞋码，感受统计在生活中的作用，初步培养数据分析观念。

2.利用对统计表的分析、解释及应用加深对数据意义的理解，培养学生的数据意识。

3.知道数据统计可以为决策提供依据，同时关注数据调查的随机性，培养应用意识，感受数学的乐趣。

教学重点：能用数学的语言描述统计表所传达的信息，了解脚长与鞋码之间的关系。

教学难点：经数据的收集、整理，合理分析并用数学的语言描述数据，初步培养数据分析观念。

教学过程：

一、谜语激趣，经历数据收集与整理

师：今天我们要学习的数学知识就藏在这个谜语中，大家请看：

两只小船结伴行，一前一后赶行程，十位客人分开坐，东船西船各五人。

生（众）：鞋子。

师：鞋子承载着悠久的文化、历史，也承载着许多的数学知识。我们要学习的内容是——小小鞋码大学问，看到课题你们有什么思考或者特别想了解的？有想法了举手示意老师。

预设：鞋码怎么来的？鞋码到底有什么大学问？鞋码和数学有什么关系？有哪些鞋码？鞋码有什么用？

师：你们提出了这么多想要研究的问题，我记录了下来！希望在这节课结束时能得到解答。

师：鞋码大小到底和什么有关？

预设：脚长。

师：老师脚长 24.5 厘米，鞋码是 39 码，你能看出脚长和鞋码之间的关系吗？看来一个数据不足以反映出问题，也不方便研究。如果能多收集一些数据说不定就能发现规律了（板书：收集）。老师收集了一组数据。（出示数据）

师：猜猜看，这些鞋大概来自哪些人？这样判断的理由什么？

脚长（厘米）	鞋码
26	42
21	32
7	4

生：汇报。第一个是成年男子鞋码，第二个是我们这样的学生，第三个是婴儿。

师：你们推断得既合情又合理。你们说得真清楚，能从不同的角度进行对比分析，用生活经验解释今天遇到的问题。

师：其实，脚长和鞋码之间还有这样的大学问（板书：鞋码＝脚长厘米数 ×2 － 10）

师：想不想算一算自己是穿哪个鞋码呢？请一位同学大声读出活动要求：

任务一：

1.利用"量脚器"测量出自己的脚长并计算出鞋码（鞋码＝脚长厘米数 ×2 － 10），然后将数据汇报给组长。

2.组长将数据汇总，填写在黑板的统计表中。

3.思考通过数据统计你有什么发现？

师：请小组长将数据整理在统计表中。

师：数据已经整理好，通过数据你有什么发现？（板书：整理）

预设：发现 ×× 鞋码的人最多，×× 鞋码的人最少，×× 鞋码和 ×× 鞋码的人同样多。

师：你们都是睁大了数学的眼睛在努力发现。这是我们班的统计结果，其他班也是这样吗？

生（众）：不一定。

师：一个数据不能说明问题，要想发现其中的规律该怎么办呢？

预设：多调查一些数据。

小结：通过收集整理数据能够很清晰地看到了统计的结果，同时也感受到数据的随机性，相信下次我们也可以为自己选择合适的鞋码了。

二、经历数据分析描述，读懂数据含义

师：懂事的妮妮准备用学到的知识为爸爸买一双鞋子作为礼物，一起去看看吧！（播放微视频）

视频中通过妮妮与妈妈的对话可知爸爸的脚长是 27 厘米，到了鞋店选到了一双心仪的鞋子，可售货员阿姨却说鞋架上没有合适的鞋码，通过查询电脑知道库存中有。就在妮妮等待的期间，她无意间看到电脑中的库存表，心中顿时产生了疑问：为何库存中有而鞋架上却没有摆放？同时也发现从 24.5 厘米到 25.5 厘米的鞋子库存挺多的，是什么原因呢？在设计中用这样的两个问题指向数据本质，用数学的语言解释数据背后的道理。

任务二：

师：观察统计表有什么发现，然后和同桌交流思考为什么库存中有但鞋架上没有 27 厘米的鞋子，24.5 厘米和 25 厘米的鞋子库存最多是不好卖吗？请同学们把自己的想法与同伴进行交流。

男士皮鞋库存表

尺码（cm）	24以下	24	24.5	25	25.5	26	26以上
人数（人）	1	8	19	39	24	8	3

生：同桌讨论交流汇报。

预设 1：因为大多数人穿的鞋码集中在（××~××）而妮妮爸爸鞋码偏大，所以鞋架没摆放，库存量也少。

师：这几位同学的猜想有没有道理呢？一起听售货员阿姨怎么说。

小结：原来沉默的数据背后有这么多信息啊，不仅可以帮助我们分析问题原因（板书：分析），还可以解释数据意义（板书：解释），这些信息可以为我们提供哪些帮助呢？

任务三：摆一摆、议一议

1.这是商场的货架，为了美观整洁，货架仅够摆放 8 双鞋子。如果你是售货员，你打算怎么摆放鞋子呢？小组商量怎样才合理？利用学习单将序号写在货架上。

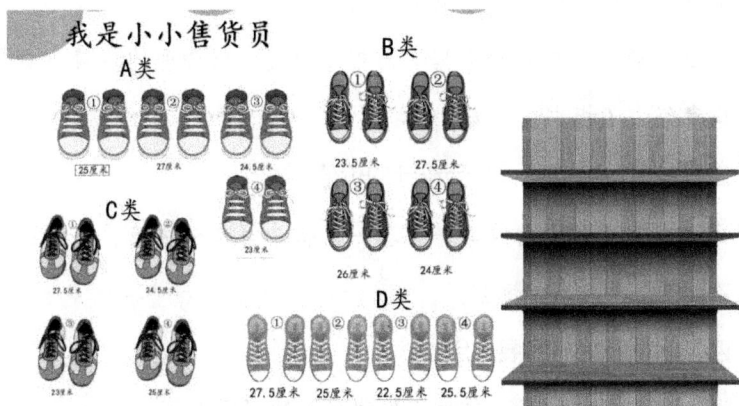

教师建议：在其他同学上来摆放的时候，你如果觉得他们组哪里讲得不理解或者不清楚，待会儿可以向他们提问，请他们解释这样摆放的道理。

（学生上台摆放货架上的鞋子。）

2.这是鞋店经理整理的进货计划，你打算提什么建议？并说说理由。

我是小店长

这是某鞋店经理整理的进货计划，你觉得合理吗？你有什么建议？

2024年5月进货计划表								
鞋长（厘米）	23.5	24	24.5	25	25.5	26	26.5	27	27.5
数量（双）	30	30	30	30	30	30	30	30	30

教师追问：如果每种鞋子进货同样多，会出现什么问题？

3. 如果你是某鞋子生产商，下个月打算如何安排生产计划？要想生意更好，你还可以对生产做哪些优化呢？

小结：通过分析解释数据进而帮助他们做出合理的决策，真是一个小生意经。（板书：决策）

三、链接数据信息，感受统计的价值

今天经历了数据的收集—整理—分析—解释—决策，统计的作用还远不止这些呢！（视频）

四、回顾反思与拓展应用

通过这节课的学习，你的问题得到解决了吗？

小结：想一想，学习了统计，你觉得还能用它来统计什么？准备怎么做？不急，结合板书想一想，当你思考得越全面越深入也将越成功。孩子，带着自己的思考走出教室走进生活吧，你感受到的将不只是鞋码背后的大学问。下课！

板书：小小鞋码大学问

收集—整理—分析—解释—决策

【课例评析】

接知如接枝，枝枝皆繁茂。通过这次教学实践，我深刻地感知到数学带给学生的乐趣、数学学科的价值和数学育人的功能。

一、巧用素材，激起学生学习的兴趣点

课前我以猜谜语的形式将学生带入新课的学习。鞋子承载着悠久的历史和文化，也承载着丰富的数学知识，这些虽不是本节课要研究的问题，但却可以通过学生的思考激起探究的欲望。看到课题你有什么思考或者问题。开始是一个两个星星点点的问题，紧接着像是打开了学生的话匣子，他们的思考越来越深入，我认为这就是问题意识的培养。从学生最熟悉的事物开始，从别人的问答中深入。

二、善用素材，激活学生思维的内驱力

教学中，我利用多媒体素材让学生充当小售货员，经历摆一摆的活动，合理安排货架上的鞋子。在实践活动中，小组成员要发挥集体智慧，基于真实的问题情境解决问题。他们在合作中、展示中，有提问，有解释。其中一个组展示的时候，下面有同学发出疑问："我赞同你前面说的将卖得多的鞋码放在中间位置，卖得比较少的偏大或者偏小的鞋码放在较高或者较低的位置，但是我有一个问题想问你们：明明有四种款式，你们却只摆放了两种，万一其他人不喜欢你们摆放的款式呢？"这时，展示的同学频频点头，这就是在思维的碰撞中促发的深度思考。教师选择合理学习素材是为学生探究提供的有利条件，教师要去激活学生的思维，引发学生的思维碰撞。三年级的学生思考问题还不够全面，合作交流展示分享是一种很好的学习方式。

三、活用素材，激励学生情绪的延展力

教材是妮妮为爸爸买生日礼物鞋子展开的活动，这里面不仅仅蕴含着数学知识，同时育人价值也得到很好的体现。但是，我在教学中没有很好地利用起来，是这堂课的一个遗憾。课后，我对这堂课又开展了一次延展课，让学生以小组为单位开展自己的调查研究。他们有的选择去调查连续一个月的天气情况，竟然惊奇地发现四月的重庆雨天较多，而且谷雨和清明时节前后会下雨。有同学发出疑问：每年都会这样吗？这是多好的感觉啊！数据的种子就这样在他们的心中悄悄发芽生长，这也是未来学习数据统计可能性知识的一种渗透。

一堂课不只是要有知识，也要有温情、有志趣，在每一次温润、递进的探究中，让学生感受到知识生长的力量。依靠数学思维的力量，构建学习的自信心，通过知识与生活的连接，体会"枝枝相连，妙趣横生"。

课例四：走进生命里的那束光

——《简·爱》名著阅读课堂实录

执教：唐书琴（重庆市初中语文现场赛课一等奖获得者）

【教学目标】

能概括简·爱出走的经历，梳理故事情节。

结合封面图和人生经历，探寻简·爱的人格魅力。

【教学重难点】

1. 概括简·爱几次出走的故事情节，梳理简·爱的命运轨迹。

2. 探寻简·爱的人格魅力，树立正确的人生观、爱情观。

【整体学情】

因时代和中西方文化的差异，让学生理解外国作品有一定难度。

学生的人生阅历不同，认知水平有差异，对长篇小说的阅读普遍兴致不高，缺少个性化阅读。

【教学准备】

准备好《简·爱》读本。

浏览目录并认真阅读各章节所写内容。

推荐学生观看电影《简·爱》。

【教学过程】

一、情境导入，激发兴趣

师：同学们，大家觉得我们现在生活的时代能体现男女平等吗？

生：能，我觉得现在不仅能体现男女平等，而且我感觉女性的地位还越来越凸显了。

生：肯定能啊，我们中国现在女性的地位越来越高，不管是政治家、商人、作家、科学家、医生等职业都有女性的身影。

生：我觉得能，因为在家里，我明显感觉到我妈妈的地位比我爸爸的地位高，因为在家都是妈妈说了算。（孩子们笑声一片）

师：同学们说得特别好，我们现在生活在一个人人平等的美好时代。但是19世纪的英国却是一个典型的男权主义社会，当时的社会观认为，两性自然本质不同，妇女较男人身体体质弱，经济上又不能独立，也不需要自立，只有男性承担养活妻儿的责任。在这样的背景下，有一位作家，塑造了一个人物，虽然样貌不惊人，身材也矮小，但我相信同学们通过阅读，从她的身上肯定能看到她追寻幸福的那道光。今天就让我们一起走近经典名著《简·爱》。

（多媒体展示）

《简·爱》是英国著名作家夏洛蒂·勃朗特（1816—1855）的代表作，是一部具有自传色彩的作品，1847年首次出版。该小说讲述了孤女简·爱自幼父母双亡，寄养在里德舅妈家，备受虐待，后又被舅母打发到洛伍德学校去，学校环境恶劣，但她顽强地活下来了。毕业两年后，简·爱应聘去当家庭教师，遇到罗切斯特先生，先生性格忧郁，喜怒无常，但经过较长时间接触，简·爱发现先生心地善良，为人正直、刚毅，渐渐对他产生了感情。当他们在教堂举行婚礼时，简·爱发现其实罗切斯特先生有一个疯妻，简·爱悲伤地离开。后来，当罗切斯特遇到生命困境的时候，简·爱又选择了回到罗切斯特身边，两人幸福地在一起了。

师：同学们，阅读的关键在于要会阅读，爱上阅读，这就要求同学们还要结合时代背景了解小说的创作背景。这部小说因为它特殊的时代背景，主人公简·爱的自尊自爱、自立自强、敢于斗争、敢于追求的女性形象一直影响着每一个成长中的女性。今天我们这节课的关键词是思维碰撞。我将请同学们从不同的任务中去体会简·爱命运的轨迹。

【设计意图】

教师创设"情境—问题—思维"问题链教学。教学情境的创设应基于真实的生活，让学生置身于具体的问题情境中，真实地感受现实社会"男女平等"的社会事实，从而引出作者及作品的介绍。探究作品的深刻内涵，必须让学生在特定背景下去理解作品。

二、初识简·爱，概括情节

师：同学们，当我们翻开这本名著时，也许你会马上被主人公简·爱的悲惨遭遇所吸引，小小年纪就成了孤女，迫不得已寄人篱下，她的种种遭遇都牵动着我们的心。请同学们根据以下探究内容，梳理可怜的孤女要面对怎样的人生境遇。

（多媒体展示）

探究任务：
1. 请按照作品人物出场顺序梳理人物的关系。
2. 请你用自己的语言概括几次出走的情节。
3. 梳理作品中的人物关系，并围绕简·爱的出走梳理简·爱的命运轨迹。

（学生谈论并展示探究结果，教师指导。）

生：按照出场顺序，作品中的人物关系如下：

①盖茨海德府

舅妈：萨拉·里德

表兄：约翰·里德

表姐：伊丽莎·里德

表姐：乔治安娜·里德

女仆：贝茜

②洛伍德学校

校长：布洛克赫斯特

主管：谭普小姐

好友：海伦·彭斯

③桑菲尔德府

主人：罗切斯特

管家：费尔法克斯夫人

罗切斯特妻子：佰莎·温森

④沼泽居

表兄：圣·约翰

表姐：玛丽·约翰

表姐：戴安娜·约翰

⑤芬丁庄园

师：看来同学们都非常认真地阅读了这部小说。小说有三要素，其中"人物"是最主要的要素，故事情节是为了更好地表现人物的性格特征。请同学们完成探究任务，围绕简·爱的每次出走，梳理出简·爱的命运轨迹。

生：按照简·爱生活的五个地点，我们可以将其经历分为五个阶段。

①盖茨海德府主要事件

简·爱还击表兄，反抗代替隐忍；

简·爱被舅妈关进红房子，惊吓中生病；

简·爱将被送往洛伍德学校。

②洛伍德学校主要事件

彭斯患病死去；

简·爱在洛伍德做老师；

谭普小姐结婚并离开洛伍德；

简·爱登报找工作；

简·爱前往桑菲尔德府工作。

③桑菲尔德府主要事件

罗切斯特与其他女人打情骂俏，简·爱直视自己内心的感情；

罗切斯特房间深夜失火，简·爱相救；

简·爱与罗切斯特互表心意；

简·爱在婚礼过程中得知罗切斯特有妻子，并且就在桑菲尔德府；

简·爱离开桑菲尔德府。

④沼泽居主要事件

简·爱被救并留在沼泽居；

简·爱在当地小学任教；

简·爱拒绝圣·约翰的求婚；

简·爱得知罗切斯特受伤残废。

⑤芬丁庄园主要事件

简·爱重回罗切斯特身边，有情人终成眷属。

师：同学们，从地点的变化中，我们看出了简·爱的什么性格呢？请同学们尝试着谈一谈。

生：我觉得简·爱是一个敢于追寻自我的女子。在作者所处的特殊时代，能塑造这样一位具有代表性的人物是非常难得的。这也许就是《简·爱》这本书的现实价值所在。

生：我觉得主人公是一个感情拿得起放得下，又敢于直面自己内心的女子。

生：我觉得简·爱是一个追求精神上自由和平等的人。

师：看来同学们对简·爱已经有比较清晰的认识了，有自己的思想和看法。

【设计意图】

为了能够引导学生坚持阅读，而且在有限的时间里完成阅读任务，做到"真读"，就必须借助教学支架。根据教学目标设计的课堂流程是"初识简·爱，概括情节""再识简·爱，探究形象""三识简·爱，分享经典"。教学流程的设计围绕着教学目标的核心问题"探究简·爱形象"进行支架任务的设计，做到环环相扣。通过阅读，学生对故事情节已经有了详尽的认知。要使学生能够迅速回归到文本之中，需要唤醒学生潜意识中沉睡地对整篇文本阅读的体验，循序渐进地走进对文本的体悟之中。

三、再识简·爱，探究形象

师：同学们，接下来我们要有一个核心任务，请根据提示完成：

（多媒体展示）

> 《简·爱》这部作品将在某出版社再次印发出售，出版社现面向社会征集封面意见稿，请同学们选择你认为最能体现这部作品精髓并契合现在读者心理的封面图，并说明理由。

（图1） 　　　　　（图2） 　　　　　（图3）

（学生讨论。）

师：同学们，准备好了吗？如果你是出版社的编辑，你会选择哪幅图作为再次出版的封面图？请同学们举手做出选择。

师：我看到有24位同学选择了图1，有6位同学选择了图2，有11位同学选择了图3，有自己独特的阅读理解和体验，非常好。那现在我们一起来听一听选择图一的这些同学的选择理由是什么？

生：如果我是编辑，我会选择图1。首先，请同学们跟着我的思路一起再次回顾这本小说的内容。在这幅画中，你最先看到的是什么？

生1：阳光、帽子、伞。

生2：我最先看到的是她丢下了那把伞，向洒满阳光的小路走去。

生："伞"对于一个女孩子来说，一般意味着什么？

生3：我觉得是保护。

师：那我们想一想，在主人公简·爱一生中，能够成为她生命中的"洋伞"的有哪些人？

生4：里德舅妈、罗切斯特、圣·约翰。

生：我觉得简·爱没有攥住里德舅妈这把"伞"是明智的选择。在盖茨海德府，舅妈对她并不好，她没有得到温暖，她选择了离开。她来到了洛伍德学校，在这里成长并成为老师，后来又自己登报找工作，选择了离开洛伍德。她来到了桑菲尔德，和罗切斯特相爱，罗切斯特成了那把保护她的"伞"，可是当她知道了罗切斯特还有一个疯妻的时候，她毅然选择了离开，舍弃了那把"伞"。在沼泽居生活的日子里，圣·约翰又将这把"伞"递给了简·爱，但是简·爱内心非常清楚，她和圣·约翰之间不是爱情，同样拒绝了这把保护"伞"。所以从这把丢弃的"洋伞"可以看出简·爱是一个不安于现状、不甘受辱、敢于抗争，对爱情、生活、社会都采取独立自主、积极进取态度的女性形象。

（全班掌声响起）

师：简直太精彩了，我完全沉浸其中了，分析得非常到位。回到封面图，我们看到的是简·爱坚定的步伐，对于丢在一旁的那把"伞"，没有丝毫的留恋。是什么照亮了黑暗，赐予了她力量？是"乌云下的那束光"，她走向的是属于她生命中的那束光。

（多媒体展示）

卷一第二章里德舅妈把简·爱关进了小黑屋 卷一第二章简·爱被表亲殴打侮辱 卷三第八章圣·约翰向简·爱求婚

师：有请选择图2的同学来说说选择的理由。

生：我选择图2主要是觉得整体设计以蓝色为主，特别吸引人的眼球。蓝色是海洋和天空的颜色，代表着灵感和智慧。主人公简·爱是一个充满智慧的女性形象，她坚强、独立、积极地面对生活。在许多社会和宗教中，蓝色也具有丰富的文化意义，它象征着和平、放松、安宁，总是与宁静、财富、正直和信任联系在一起。很明显，从小说中我们看到的简·爱就是一个宁静的、正直的形象。所以我选择图2。

师：从封面颜色的角度出发，这是很好的选择，又结合色彩学等知识，看来你的知识面很广，将来肯定会大有可为。为你点赞。

师：有请选择图3的同学来说说选择的理由。

生：我发现这几幅封面图都有一个共同元素，就是蓝色。我选择图3作为封面的原因就是树林，简·爱在一片树林里行走，就好像她的人生一样，虽然面临不同的选择，但是她并没有迷失方向。反而是坚定地走向前方，阳光照耀下的样子分外耀眼。

师：同学们的发言真是各有千秋。正所谓一千个读者就有一千个哈姆雷特，这就是个性化阅读，对主人公简·爱有了自己的认识。作为编辑这个角色，书籍封面设计构思的过程与方法之一就是把握好"象征"，象征性的手法是艺术表现最得力的语言，用具象的形象来表达抽象的概念或意境，也可用抽象的形象来隐喻表达具体的事物。

【设计意图】

课堂有效性应该是每一位老师追求的目标。名著阅读不仅要求学生积极参与，同时对内容还要主动构建，做到有效表达，提升思维，还要学会迁移。这一环节搭建的支架教学就是设置情境，这个环节是以文本为基础，以问题为导向，以人物形象分析为重点，以分析人物形象的方法为抓手，以阅读策略的落实为目标。

四、三识简·爱，分享经典

师：同学们，《简·爱》这本书根据同学们选择的封面图再次印刷好了，准备面向广大读者出售。请根据你的阅读体验，在微信朋友圈里来推荐这本书，并为这本书写上精美的朋友圈推荐语。

（多媒体展示）

> 《简·爱》这本书根据同学们选择的封面图再次印刷好了，准备面向广大读者出售，请根据你的阅读体验，在微信朋友圈里来推荐这本书，并为这本书写上精美的朋友圈推荐语。
> 要求：1. 作品基本信息＋内容＋人物＋主题＋意义。
> 　　　2. 语言生动，目标明确。
> 示例：简·爱的一生是对自我价值和爱的不懈追求。她曾说："我是自己命运的主宰；我是自己灵魂的舵手。"勇敢和自尊让她在困境中不失自我，智慧和情感的平衡引导她走向真爱。每一次的抉择和坚持，都是她自我成长的见证。愿你在人生的旅途中，勇敢地追求自己的爱和理想，不论风雨，都能保持内心的独立和强大。
> 在这条路上，让勤勉养成你的能力，让善良积累你的幸福，让阅读丰富你的灵魂，让自律塑造你的身心。愿你勇敢前行，不忘初心，让生命之花在心中绽放。

生：《简·爱》阐释了一个这样的主题：人的价值＝尊严＋爱。她坚持自己的理想和独立思考，这使我深受鼓舞。尽管简·爱的生活充满挑战和不公，她依然保持着积极向上的态度，努力追求自我价值。在种种艰辛与困境中，她展现了自强不息的精神。通过简·爱的经历，我深刻理解到，人生的价值不仅在于得到别人的爱和关怀，更在于通过自身的努力来实现自己的价值与完整。我希望每一位读者都能从简·爱的故事中得到启示，以积极的态度面对自己的生活，努力追求自己的梦想。

生：《简·爱》是一本教会我勇敢面对困难和逆境的书。作为一名读者，我被简·爱的坚强和胆识深深打动。简·爱在生活中经历了许多不公与痛苦，但她从不自暴自弃。她爱并尊重自己，追求真爱和尊严。简·爱没有因为自己的贫穷和出身而屈服，她努力证明自己的价值，勇敢地抵抗压迫和不公。通过简·爱的故事，我获得了勇气去改变自己的命运，也体会到了相信自己的重要性。这本书深深触动了我的内心，我希望每一位读者都能从中找到自己的力量和勇气，追求真正的自由与幸福。

生：《简·爱》是英国文学史上的经典传世之作，它成功地塑造了英国文学史中第一个对爱情、生活、社会以及宗教都采取了独立自主的积极进取态度和敢于斗争、敢于争取自由平等地位的女性形象。庆幸自己生活在新时代，这个时代对男性和女性一视同仁，女性不再是男性的附庸，成了独立自主的个体。庆幸自己生活在新时代，作为女性，我们可以不为地位和阶级所束缚，努力追求自己想要的东西。

师：同学们的推荐语可圈可点，文笔优美。相信只要看了朋友圈的人都会印象深刻。

简·爱用自己的语言和行动证明：女子必须有独立的人格，自尊自爱、不依附他人，才可以赢得别人的尊重和热爱，才会有真正的幸福，简·爱也因此成为一代又一代女性心中的偶像。希望我们从世俗的喧嚣浮华中脱离出来，静心去品读简·爱，去和她的灵魂对话。简·爱让我们相信，拥有了独立人格并可以自尊、自爱、自立、自信的女子，即使是一株野百合，也会拥有生命里的那束光，也会找到属于自己的永远的春天！

（多媒体展示）

> 赠言：愿同学们都能像简·爱一样葆有自尊自爱自强的人生底色，成长为一个有追求、有理想目标，用行动践行高贵品格的人！

【设计意图】

王荣生教授曾说："阅读教学的一条重要的途径就是唤起、补充学生的生活体验。"此环节就是文本与生活场景的对接。在朋友圈写推荐语，这也是中考考点，实际上就是写一则书评，可以让学生对所获得的感悟有一个系统深化。阅读完全书的学生，都会对此书有自己的感悟，这些独到的个性化的解读，是极其珍贵的。将简·爱的精神行诸笔端，并能够以此推荐给他人，是《简·爱》完整阅读必不可少的一步。至此，通过前期阅读过程中的批注和读后的提升课，再加之完成朋友圈推荐语，学生对名著的阅读可谓完整。

【课例评析】

《简·爱》是英国女作家夏洛蒂·勃朗特创作的具有自传色彩的长篇小说，是统编教材九年级下册的必读名著。小说通过孤女坎坷不平的人生经历，成功地塑造了一个不安于现状、不甘受辱、敢于抗争，对爱情、生活、社会都采取独立自主、积极进取态度的女性形象，反映一个平凡心灵的呼号和责难，一个小写的人成为一个大写的人的渴望。简·爱的人生追求有两个基本旋律：富有激情、幻想、反抗和坚持不懈的精神；对人间自由幸福的渴望和对更高精神境界的追求。

《简·爱》整本书阅读教学是一个非常具有挑战性的任务。依据新课标要求：要开展多样化读书活动，丰富、拓展名著阅读；以学生自主阅读活动为主，引导学生了解阅读的多种策略；围绕读书的主要环节，引导学生从阅读方法、习惯等方面进行自我反思和改进。而初中阶段的名著导读教学，比较普遍的是注重文本解读，侧重引导学生把阅读收获用文字、思维导图等形式静态展示。因此结合实际学情，这堂导读课旨在以任务为支架，提高学生的阅读兴趣，开展个性化阅读，感受外国文学作品独特的魅力，以及主人公简·爱的人格魅力。

这堂课通过支架"活动任务一"，设置情景化教学，为出版社选择合适的封面，让学生有了第一次个性化阅读体验和分享；通过支架"活动任务二"，用简洁的语言为出版社编辑新书推荐，让同学们对小说内容再次回顾；通过支架"活动任务三"，解读所选封面的意义，以简·爱的多次出走为线索探寻读到了一个怎样的简·爱。

课例五："把爱带回家

——青春期亲子冲突的化解"班队活动课

执教：向桃昭（重庆市区县级现场赛课一等奖获得者）

【活动理念】

初中生正处于青春期，这是人的成长过程中的一个特殊时期，这个时期有两个突出的变化：一个是生理变化，一个是心理变化。

这个阶段的学生心理变化比较复杂，他们在心理上往往认为自己已经长大了，希望独立自主，自己的事情不需要别人管束，开始回避父母的干涉；自尊心特别强，很在乎别人对他的态度，在乎老师、在乎家长尤其是母亲的言行态度。所以很多时候也容易和父母产生矛盾甚至冲突；有强烈的成人感，想从父母的保护和依赖中挣脱出来。

本节班会课根据学生青春期心理特点，联系学生生活实际，以学生为班会活动的主体，让学生通过体验活动，得到属于自己的心理体验，在心理体验的基础上内化知识，增强学生的自我管理、问题解决、健全人格等方面的核心素养。引导学生能和父母换位思考，学会理解父母的爱，感恩父母。能化解青春期的亲子冲突，形成良好的亲子关系。

【活动目标】

1. 了解与理解

认识我们的生命来自父母，知道尊敬父母、孝敬父母，正确认识与父母之间的冲突。

2. 尝试与学会

（1）通过"爱的清单"活动，学会感受父母的付出和家庭的温暖与幸福。

（2）通过情景剧表演"最近比较烦"，学会正确面对亲子冲突，尝试掌握化解与父母之间冲突的方式方法，更好地改善亲子关系。

（3）通过"美德好少年""爱心计划"活动，尝试以实际行动来回报父母的爱。

3. 体验与感悟

体会父母为养育自己付出的辛劳，感受父母的爱和家庭的温暖。

【活动准备】

课件、活动单。

【活动过程】

1. 热身活动

课件出示一些同学的全家福照片，一些家长在校门口送伞送饭的照片（课前收集），同时播放音乐《我有一个家》《感恩的心》。

2. 拼字活动

课件展示打乱顺序的六个字母 f、a、m、i、l、y，让学生拼成一个英语单词。

请同学们分析这个英语单词每个字母拆开的中文意思，以及把这些字母组合起来的含义。

（1）拼出来的是什么？——family（家）。

（2）它代表什么意思？——father+and+mother+i+love+you（爸爸妈妈我爱你们）。

（3）在大家的心目中，家是什么呢？

【设计意图】

通过热身活动，增强班会活动课的趣味性，吸引学生的课堂注意力，激发学生参与活动的积极性。

活动一：爱的回忆与唤起

（一）爸爸妈妈的个人档案

(1) 爸爸的生日是 ___ 月 ___ 日　　妈妈的生日是 ___ 月 ___ 日

(2) 爸爸最喜欢吃的菜是 _____　　妈妈最喜欢吃的菜是 _____

(3) 爸爸最喜欢吃的水果是 ____　　妈妈最喜欢吃的水果是 _____

(4) 爸爸最喜欢的颜色是 _____　　妈妈最喜欢的颜色是 _____

(5) 爸爸的鞋码是 _____　　　　妈妈的鞋码是 _____

(6) 爸爸的身高是 _____　　　　妈妈的身高是 _____

(7) 爸爸的体重是 _____　　　　妈妈的体重是 _____

(8) 爸爸的血型是 _____　　　　妈妈的血型是 _____

(9) 爸爸希望我今后从事 _____　　妈妈希望我今后从事 _____

(10) 我还了解父母 _____

（在这个活动中，少数学生能够填完，有的学生能够完成一大部分，但有少部分学生直接放弃，以回避的态度掩饰他对父母不了解的尴尬。）

（二）冥想

指导语：

同学们，让我们调整自己的坐姿，用你最舒服的姿势坐着，轻轻地闭上双眼，深呼吸，吸气，呼气，吸气，呼气，吸气，呼气。

我慢慢地回到童年时光、幼年时光，回到了自己生命的开始。这个开始，源自我父母的相爱，他们被一股强大的爱的力量牵引在一起，接着他们结合了，组成了一个幸福的小家，然后我住在了妈妈温暖的子宫里面。我的爸爸妈妈期待着我的到来，在等待我诞生的期间，他们时而期许，时而不安，不知我是否能够健康平安降临世间。我的妈妈经历了巨大的疼痛，将我生下，带到人间。我的爸爸妈妈看着我，惊喜地想着：这就是我们的孩子吗？然后他们对我说：是的，你是我们的孩子，我们是你的爸爸妈妈。我的爸爸妈妈为我取名，给了我姓氏，逢人便说：这是我的孩子。自此开始，我属于这个家庭，成了家族中的一员，开始与家庭共命运同存在。从小到大，发生了很多很多的事情，第一次逛街、第一次爬山……

不管是开心的还是不开心的事情，都是我人生的过往经历，我都从心里接受它，我都无比珍惜它。我的生命源自爸爸妈妈的精血，爸爸妈妈是我唯一的爸爸妈妈，这是无法改变的事实。接下来让我带着此时此刻对家庭的思绪停留十秒。我从十倒数到一，然后请慢慢睁开眼睛，回到我们的课堂。

（三）爱的清单

填写"爱的清单"。

我跟爸爸妈妈及家人在一起发生的事情
时间、地点、事件大致经过
……

（四）学生分享爱的清单，教师小结

【设计意图】

通过了解父母，回忆与父母相处的活动，学生深刻体会和感受父母的爱，增强学生感知能力，唤起与父母生活中的点点滴滴的爱。少部分学生会写与父母发生矛盾的烦心事，这一资源刚好为后面埋下伏笔。

活动二：爱的体验与感悟

（一）情景视频《冲突中的父女俩》

问题1：这个视频反映了哪些情景？

视频内容是父亲没有敲门就进了女儿房间，强行没收女儿的手机，女儿很气愤地述说父亲管得太多，父亲喜欢控制她，命令她，不允许她跟别人聊天交朋友。（引导冰山理论）

问题2：同学们在生活中有哪些类似的情景？

(学生轮流发言，分享各自的矛盾冲突。)

预估学生的发言有以下几类：

1.因为学习引起的矛盾；

2.电子产品引起的矛盾；

3.因为隐私被家人偷窥发生的矛盾；

4.因为兄弟姐妹发生的矛盾；

5. 其他类（包括学生表达没有亲子矛盾类）。

师：原来我们很多同学都有自己的烦恼，和父母发生不愉快，这也是很正常的事情。正值青春期的我们感觉自己长大了，不喜欢被父母管束太多，都想从父母的保护和依赖中挣脱出来。这是我们这一时期最正常最真实的表现。所以我们得正视矛盾，正确处理亲子关系，找到解决这些矛盾更好的方式方法。

问题3：同学们是怎么处理这些矛盾冲突的呢？

分组讨论解决问题妙招：（按以上5大类分组，学生自主找到自己想要讨论的问题的那一组。）

预估学生发言：

1 类学生发言：

生：放学回家妈妈不准玩手机，我甩门把自己关在房间里，躺在床上让自己冷静下来。

师：嗯，控制情绪，让自己冷静下来。

生：我弟弟弄坏了我刚写好的作业，我深深地吸了几口气，然后严肃地叫他走开。

师：先控制情绪，再理性地处理。

师总结：发现情绪，先控制情绪，再理性处理。（板书）

2 类学生发言：

生：周五放学我跟我妈说玩一个小时手机，因为我要学习了解网络正能量的知识，同时我也需要缓解我一周的学习压力，然后就可以安安心心地做作业。

师：嗯，表达自己的需求，请求同意。

师总结：表达感受和需求，征得同意。（板书）

3 类学生发言：

生：考试考差了，我爸就会骂我，我有时候会装小狗的表情逗他乐，然后说我会努力的，相信我下次会考好。

师追问：为什么你不生气呢？

生：反正我知道他骂我也是希望我考好一点，我就逗他乐一乐吧。（引导冰山理论）

师：你真会想法子，跟你爸幽默幽默。

师总结：幽默对待，努力进取。（板书）

4 类学生发言：

生：我爸不敲门突然进我的房间，我心里很不开心，我问他：你小时候有没有感觉过爷爷翻你的私人物品，你很不舒服？就像你刚才突然进我的房间，我感到非常不尊重我，我很难受，你明白我的感受吗？

师：非常棒！跟你爸沟通交流，提醒你爸换位思考，尊重你，互相理解。

师总结：换位思考，互相尊重，互相理解。（板书）

5 类学生发言：

生：我妈骂我，我会向我爸诉说，然后我爸就会跟我妈交流分析，或者我们会开家庭会讨论。

师：嗯，你会找人倾诉，求助他人，讨论交流。

师总结：找人倾诉，求助他人，讨论交流。（板书）

……

师生归纳总结化解矛盾冲突应对卡：

控制情绪，保持冷静

理性处理，交流讨论

换位思考，互相理解

幽默对待，提升自己

表达感受和需求，找他人倾诉，寻求帮助。

随着我们慢慢长大，难免会和父母产生爱的矛盾，发生爱的冲突。但我们知道，世上最关心最疼爱我们的还是父母。也许有时候因为方式的不恰当会影响我们的心情，但不管怎样，这都是因为父母爱我们。父母的言行就像冰山水面的部分，水面以下是父母的感受，是父母对某件事情的观点，是对我们的担心、期待。只要我们和父母多沟通交流，互相理解，找到合适的解决方法，那么这些爱的"冲突"也必将变得美好！

【设计意图】

引发学生思考如何面对爱的冲突，掌握化解与父母之间冲突的方式方法，更好地改善亲子关系，培养学生善于思考，善于调整自己的情绪，提高学生解决处理问题的能力，不断健全人格，真正意义上的慢慢长大。

诗人孟郊说："谁言寸草心，报得三春晖。"作为儿女，我们应怎样在目前有限的能力范围内报答父母的辛勤付出呢？

（二）感恩故事：《美德好少年》

美德好少年视频展示内容：视频讲述一个初中一年级的男孩，假期每天早上帮爸妈做包子馒头卖早餐，爸妈累了还给他们捶背按摩等。

思考：

1.视频中的小孩对你最大的触动是什么？

2.你将用哪些行动来表达对父母及家人的爱？

【设计意图】

青少年有很强的模仿性，选取身边同龄人身上的真实事迹作为榜样，有很强的说服力和感染力，容易引起学生的共鸣。让学生联系自己的生活，做力所能及的事报答父母。

活动三：爱的行动与传播——"爱心"计划

师：其实，感恩父母也不是件难事，一声谢谢，一句出门的道别，一张留言条，一次真诚的交流，一次爱的拥抱，一份满意的答卷，做一些力所能及的家务活，一份小礼物……都能让父母感到无比的欣慰和幸福！感动不如行动，让我们把爱化为行动，做一个"爱心"计划，回家后去具体实施，作为家庭作业反馈。

填写爱心计划：

我的爱心计划：
1.
2.
3.
……

【设计意图】

此活动让学生学会爱的表达和行动，内化认知，提升学生的行动力和处理亲子关系的实际能力，以实际行动回报父母，使课堂教学延伸到家庭生活，从而紧扣本节课题"把爱带回家"。

【活动总结】

本节课，我们认识到自己对父母的了解程度。有的同学了解父母不够多，感受到了我们对父母的小遗憾。父母对我们的唠叨，我们跟父母的矛盾，都是出于父母对我们成长的担心，对我们未来的期望。在生活中我们要勇于思考，寻找解决问题的办法。同学们也分享了很多解决亲子关系的妙招，也作出了爱心计划。这节课可能唤起了你心中的小愧疚，也可能因此让你豁然开朗，原来我跟父母有矛盾是正常现象，因为我们在慢慢长大，我们需要跟父母沟通交流，让父母了解我们，我们也要理解父母，最后将我们对父母爱的回报付诸行动，让我们的家更幸福美满。

【活动反思】

本节课是根据学生实际情况，从了解父母，到体验父母的唠叨，再到感受父母言语背后都是爱，然后是解决与父母之间的矛盾冲突，最后把爱心计划带回家，给家庭增添温暖，从而培养孩子敢于面对问题、解决问题的核心素养。

有些家庭条件较差或父母与子女交流的时间极为有限的家庭，经常有家长向我反映他们的孩子进入初中以来，亲子之间交流很困难，还经常因为一些琐事发生冲突，其中有个别学生这方面问题比较严重。所以，本人想通过这样的一堂班会课，让亲子关系有所改变，让学生对冲突和爱的理解有所提高，从而培养学生积极思考，善于总结调整自己的情绪，善于解决问题的能力。本节课不足之处是，如果能够邀请家长参与到课堂活动中来，让家长也听听孩子的心声，互相感化，教育效果会更明显。

【课例评析】

班会活动课，依据学生的终身发展和社会发展需要，明确育人主线，引导学生树立正确价值观，重视自我管理、问题解决、健全人格等核心素养的落实，培养学生善于思考、情绪调适、解决问题的能力，引导学生能和父母换位思考，学会理解父母的爱，形成良好的亲子关系，从而提升学生的社会责任感和社会实践技能。

课例精选课程内容，通过三个环节展现，教学设计紧扣主题，层层递进，符合初中二年级孩子的认知水平；形式多样，刺激学生多种感官，充分调动学生学习积极性。环节一：爱的回忆与唤起，让学生体验回忆与父母在一起的美好时光，充分感受父母对孩子的爱。环节二：爱的体验与感悟，让学生体验生活中与父母的矛盾冲突，运用冰山理论让学生明白冲突背后的原因。环节三：爱的行动与传播，这一环节是在学生通过前面的学习感悟过后付诸行动，使课堂延伸到家庭。这三个环节的活动，让学生积极面对生活中的问题，并掌握恰当的方式方法积极解决问题。内容及目标体验感都很强，学生多方感悟全面体验，易于将课堂学习向生活延伸，充分体现课堂的有效性。

课例六：《“举三反一”到“举一反三”》[10]

何谓“举三反一”

文中"举三"指呈现两个以上例子，其中的"三"有多个"例子"的意思；"反一"指从例子中得出规则，其中的"一"有"规则"的意思。

叶圣陶先生曾说："课文无非是个例子。"通过对例子进行科学分析、深入研读，从中总结出写作规则来。例子是可以变化的，但不变的是从例子中抽取出指导学生写作的规则，这也是读写结合的要义。

在众多提高学生写作能力的途径之中，读写结合是最重要的。《义务教育语文课程标准（2022 年版）》指出："要重视写作教学与阅读教学、口语交际教学之间的联系，善于将读与写、说与写有机结合，相互促进。"读写结合，以读促写，以写促读，使学生可以在读中悟法、读中学法、读后用法，并把这些方法内化于心，从而提高写作能力。

现实的情况是，教师在讲读写结合，也在用读写结合，但学生

---

10 李令，李胜利 . 大单元教学设计研究 [M]. 吉林：吉林出版集团，2023：126-133.

还是不会写议论文，甚至恐惧写议论文。

原因何在？我想有两点：

第一，没有在阅读与提高学生写作能力之间建立起密切联系。在教学中关注的目光更多倾向于阅读内容，仅仅局限于带领学生体会作者写了什么，而忽略了作者是怎么写的。须知，读写结合中的阅读不同于生活中的阅读，阅读本身不是目的，而是提高写作能力的手段和过程。

第二，在议论文写作教学上，重视了陈述性知识，忽视了程序性知识。陈述性知识也叫描述性知识，这类知识主要用来回答"是什么"；程序性知识也叫操作性知识，这类知识主要用来回答"怎么做"。如举例论证、道理论证、对比论证等论证方法的概念、作用等知识属于陈述性知识；怎样运用举例论证、道理论证、对比论证等论证方法的知识属于程序性知识。恰恰程序性知识对提高学生写作能力是最重要的。

下面以人教版九年级上册鲁迅先生《中国人失掉自信力了吗》为例，谈谈如何指导学生学习驳论文的写作方法（限于篇幅，仅呈现了学习驳论文写作方法的内容）。

师：我们今天以鲁迅先生《中国人失掉自信力了吗》为例，来学习驳论文的写作方法。同学们预习了课文，哪位同学来说一说作者要批驳的谬论是什么？

生：……

师：对方提出这个谬论的依据是什么？

生：……

师：作者把对方的论点、论据都摆出来了，竖起了批驳的靶子，有了靶子后才能有的放矢。写好驳论文的第一步是（板书：竖批驳的靶子，有的放矢）。

师：靶子竖起了，怎样批驳呢？

（生朗读第3—5段，小组讨论）

师：要批驳错误论点就要清楚对方错在哪里，写驳论文，要善于寻找批驳的"突破口"。所谓"突破口"，就是对方谬误的薄弱环节，主要表现在三个方面，要么论点、要么论据、要么论证，抓住了它，就能击中要害。

生：……

师：作者抓住对方论点与论据的矛盾，论点不能证明论据，通过批对方论证的错误，驳倒对方。写好驳论文的第二步是（板书：找准突破口，针对性批驳）。

……

师：批驳了对方的错误观点后，还要鲜明地提出自己的正确论点，以便深入驳倒对方的论点。作者的论点是什么？论点提出后，肯定要摆出依据啊，作者支撑论点的依据是什么？

（生朗读第6—8段，小组讨论）

……

师：作者用了举例论证的方法证明自己的观点，这就间接批驳了"中国人失掉自信力"的错误论点。写好驳论文的第三步是（板书：正面立论，深入批驳）。

......

师：这就是驳论文写作三步法（板书：驳论文写作三步法）。

这个课例的启示有三：一是教材里的经典文本仍然是进行写作知识教学的源泉，我们常常感叹写作知识从哪儿来，其实答案就在课本中的经典文本里；二是减少对课文内容的烦琐分析，将关注的目光放到学习写作方法上，在文本语言与提高写作能力之间架起一座坚实的桥梁；三是发挥程序性知识在提高学生写作能力上的重要作用，在这个课例中，老师教学的重心放在指导学生学习驳论文写法上，师生共同归纳出的"驳论文写作三步法"就属于程序性知识。

在这个课例中，学生在老师指导下，通过学习课文发现写作规则。实际上，不能靠学习一篇文章，就让学生把好多文章都搞明白。从认识论来说，学生发现并熟悉一种规则，将它纳入自己的知识结构体系，至少要辨析多个例子，并能独自分析规则的形成过程，才能加深对这个规则的理解。

这种用来对比辨析的例子，最好在写法上还有点变化，而马南邨的《不求甚解》，恰恰符合这个条件。同样是驳论文，《不求甚解》与《中国人失掉自信力了吗》在写作方法上有点区别。如在竖批驳靶子上，《不求甚解》竖的批驳靶子是论点，而《中国人失掉自信力了吗》是论点及其论据；在针对性批驳的突破口上，《不求甚解》通过解释对方论点批驳对方的错误，而《中国人失掉自信力了吗》通过批驳对方论证的不合逻辑进而驳斥对方的谬论。

当然，除了学习教材中经典的课文外，还可布置学生课外阅读优秀议论文，细心揣摩文章观点表达、论据分析、论证方法、语言表述等写作方法。

如何"举一反三"

"举一反三"的实质是学以致用，是学生根据"举三反一"学到的"一"，去解决写作实践中诸多的"三"。在"举一反三"中，"一"是典型化的写作规则，"三"是写作实践活动中的问题，没有写作规则引领的写作实践是盲目的、低效的。所以，"举一"是条件，"反三"是目的，不"举一"就难以"反三"，不"反三"，"举一"就没有意义。

如何"举一反三"？下面以学生作文《班门弄斧》为例谈谈。

通过学情分析发现，学生写作《班门弄斧》的困难主要表现在审题和如何运用论证方法。审题要解决的是写什么的问题，审题不准满盘皆输；如何运用论证方法要解决的是怎么写的问题。

先解决审题的问题。可通过分析《不求甚解》的审题切入作文《班门弄斧》的审题，以达到举一反三的效果。

师问：作者对"不求甚解"的理解跟"一般人常常以为"的有什么不同？

分析两者的不同是为了探寻作者写作的思维路径。"一般人常常以为"的会成为一种思维定式，恰恰是这种定式遮挡了我们创新的目光。如果我们换一种思考的角度，带给我们的感悟可能会有不同。所以，作者立意的翻新出奇，源自对文题的深入剖析。

师问：对"班门弄斧"，人们习惯的理解是什么？

这个问题是学生写好这篇作文的逻辑思维起点。写《班门弄斧》这类作文，"人们习惯的理解"往往就是批驳的靶子。根据"举三反一"环节师生共同归纳出的"驳论文写作三步法"，"竖批驳的靶子"是写好驳论文的第一步。

其实，审题不准、立意不新往往是对文题阅读不透，所以要引导学生对文题进行解构。构成这个成语的两个要素是"班"和"斧"，"班"可以理解为行家或个中高手，"斧"可以理解为技能或本领，"弄"有展示的意思，通过"弄"把两个要素联系起来。通过这一番对文题的解构，学生就能够找到审题的切入点。

学生分组讨论，每组至少说一条新的观点，要求不要雷同。

学生提出的新观点主要有："班门弄斧"表现了自信；"班门弄斧"敢于质疑权威，不人云亦云；"弄斧"到"班门"，跟高手过招，才能提升自己；"班门弄斧"才会长江后浪推前浪；只有到"班门""弄斧"，才能求得"真经"；"班门弄斧"有助于发现人才；"班门弄斧"对"班"们也有好处，有利于他们提高本领。

再解决怎么写的问题。

师问：新观点提出来了，如何才能证明你的新观点正确？

用事实和道理来证明观点的正确。从学生作文的情况来看，表现在不会用事例论证，认为议论文就是观点加例子，事例不典型，文中常出现有"例"无"证"，以"例"代"证"的情况。

要解决这个问题还是要在读上下功夫。引导学生对《不求甚解》第5、6自然段进行针对性赏析，赏析直指写作，以达到举一反三的效果。

赏析步骤：写了什么—怎么写的—为什么这样写。

写了什么：写了"普列汉诺夫"和"诸葛亮"读书的事例；怎么写的：从反面和正面对"不求甚解"的两层含义加以论证；为什么这样写：更具有说服力。

总结用好事例论证的要点：用好事例论证的关键是"事"和"理"之间要有密切联系，切忌举似是而非的事例，事例要多角度证明观点。

仿例训练：要求学生从不同角度，如正反、古今、中外等，列举事例证明新观点。

（学生作文，师生评改。略）

【课例评析】

从"举三反一"到"举一反三"写作教学有三个亮点。

第一，体现写作规律。从写作心理学来说，写作过程存在着"双重转换"。第一重转换是从"物"到"意"，"意"是对物的认识。经典文本本身已是一个物化的客体，经典文本既为我们提供了写作的素材和话题，也为我们揭示了写作的规律。第二重转换是从"意"到"文"，用认识指导作文，用文字反映认识。"举三反一"环节实现了第一重转换，"举一反三"环节完成了第二重转换。

第二，阅读指向写作。阅读经典文本，"写了什么"只是个载体；"怎么写的""为什么这样写"才是我们要关注的，因为这两个环节是指向写作的。揣摩作者"怎么写的""为什么这样写"，借鉴其章法和写作技巧。

第三，知识转化为能力。从"举三反一"到"举一反三"的迁移过程中，始终伴随着老师指导下学生的写作实践，通过写作实践，实现了从陈述性写作知识向程序性写作知识的转化，从而提高了学生的写作能力。

课例七："角的度量"

执教：谢玲（重庆市小学数学现场赛课获奖者）

一、单元内容结构化分析

（一）单元内容概述

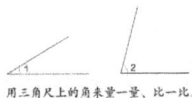

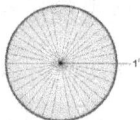

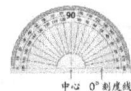

这是人教版四年级上册第三单元《角的度量》的教材内容，属于小学数学"图形与几何"第二学段，本学段包含两个层面的知识：

一是图形的认识与测量，二是图形的位置与运动，本单元聚焦图形的认识与测量。从培育学生核心素养出发，教师应该整合单元知识以便更好地培养学生结构化思维方式。

图形的认识与测量		
整合前	整合后	理由
线段、直线、射线 角	线段、直线、射线、角的认识	加强线之间的联系与区别，同时关注角的形成，形成纵横之间的联系
角的度量	角的度量与画角	从度量的角度认识图形，凸显度量单位累加形成不同度数的角这个知识本质
角的分类 画角	角的分类与组合角	在前期角的度量基础上进一步体会分类思想，类比、分析与推理

（二）新旧知识关联

素养立意下的课堂教学从"学科本位"转向"素养本位"，从"育分""育能"转向"育人"。以学生为中心的课堂，应充分考虑学生的已有经验是什么，从什么角度打通知识之间的链接点和生长点，以此类推、迁移新知，将显性的知识转化成内隐的素养。

在已经学习的度量知识中基本上都会让学生先经历统一单位的必要性，进而理解单位的意义，并在此基础上解决实际问题。在教学中可以采用纵横关联、对比分析的方法学习度量知识。横向联系是指不同体系单位之间的联系与区别。如在学空间量感知识时，测量一个人的身高用长度单位，一片湖的大小用面积单位，从一维的线——二维的面——三维的体之间的异同加以关联。角的度量是针对角的大小可测量属性展开，虽然维度不同，但仍然遵循从非标准单位测量（二年级角的大小比较）到认识标准测量单位（量角器中 $1°$

角）的认知过程，感受度量单位累加形成不同角。纵向联系是指同一体系单位之间的大小比较，根据实际情况进行选取。如平方厘米、平方分米、平方米、平方千米应根据测量物体的需要选择适合的单位进行测量，让学生在经历的过程中感受到不同的单位之间只是大小的标准不同，本质意义是相同的。角的度量不存在进率之间的转换，但是之前学习的角的初步认识中直角可以作为判断角分类的依据，同时在画角的过程中利用几何直观感知锐角、直角、钝角、周角之间的分类标准，让角的分类逐渐从模糊到清晰，从感性到理性认知逐渐加强。

（三）相关知识内涵解读

2022年版新课标中"量感"是唯一一项新增加的内容，作为本节课最重要的核心素养表现之一，应在教学中如何更好地落实呢？量角与画角本属于操作技能范畴，教师如何规避走入传统教学"教师讲学生听，学生按照老师要求操作"的程序化教学？随着科学技术的迅猛发展，特别是人工智能的发展，我们不能只停留在知识技能目标，而应聚焦"双识"并重，即知识与见识都重视。

笔者认为量感的内涵把握需做到以下两点。一是量感应开始于测量教学的起点处，从不知道、不了解测量工具的地方开展教学，带学生进入适宜量感生长的环境。二是关注不适用测量工具的场合。学生既要学习度量单位，赋予测量对象一定的具体数值意义之外，还应培养估测意识，作出合理判断，反映出量感的核心内涵。比如学生在量角和画角的时候能够依据直观感知到的量感去判定该角是读内圈刻度还是读外圈刻度。

量感并非与生俱来，也不可能一蹴而就。教师通过讲授是教不出来的，它是学生在不断地学习、实践中积累经验，悟出道理并作出合理的判断，逐步形成和发展起来的。因此，课堂中的活动设计应让学生充分经历，逐步形成量感，借助想象、推理活动发展量感，通过不同形式的角的估测与对比增强量感。

二、学习目标制定

（一）课标要求

《义务教育数学课程标准（2022 年版）》明确指出：

1. 能结合实例认识线段、射线和直线，结合生活情境认识角，知道角的大小关系；

2. 会用量角器量角，会用量角器或三角板画角；

3. 会比较角的大小；

4. 能说出直角、锐角、钝角的特征，能辨认平角和周角。

以"做中学，学中用"为主线来设计本单元的学习活动，让学生从生活实际中抽象概念，在动手操作中领悟概念，在实际应用中深化概念，在各类活动中积累经验，为量感和空间观念的发展提供认知基础。

（二）单元目标

T 迁移目标：二年级初步认识线段、角及初步会比较角的大小，能尝试将认识图形和度量的经验迁移到认识线段、射线与直线，了解它们之间的异同点，进一步认识角，理解角的含义。

U 理解目标：经历角的度量过程，体会角的度量的本质，知道 1° 角实际有多大，建立 1° 角的表象；感受归纳量角、画角的操作步骤，积累活动经验。

K 知能目标：认识量角器，能在量角器上找不同的角，并知道它的度数；会用量角器量角和画角；会用三角尺画 90° 等一些特殊的角。

E 情感目标：在实践活动中，沟通角的认识和度量相关概念间的联系，感知概念的系统性，培养自主探究能力、分析问题和解决问题的能力及动手操作能力，发展学生的量感和空间观念。

（三）课时目标

T 迁移目标：能将线段、面积相关测量经验迁移到角的度量中来，进一步认识角，理解角的含义。

U 理解目标：经历角的度量过程，体会角的度量的本质，知道 1° 角有多大，并建立 1° 角的表象；能在实践活动过程中积累画角和量角的经验，形成画角的一般步骤与量角的经验。

K 知能目标：通过观察与操作认识量角器，会正确读出角的度数并掌握画角的方法。

E 情感目标：在实践操作中，沟通角的认识和度量相关概念间的联系，感知概念的系统性，培养自主探究能力、分析问题和解决问题的能力及动手操作能力，发展学生的量感和空间观念。

教学重点：经历角的度量单位产生过程，通过量角与画角，建立的大小的量感，体会测量的本质，建立知识结构化的体系。

教学难点：理解角的大小需要一个统一的标准进行表达，进一步体会角的大小也是角单位的累加；在画角过程中体会图形元素对角的影响，梳理画角的过程形成实践经验。

三、核心任务的设计与实施

（一）谈话引入，唤醒经验

师：同学们，看到今天这个课题你们有什么想问的，或者让你们想到了哪些学过的知识呢？（板书课题：角的度量与画角）

生1：角该怎么度量呢？

生2：我们已经学过画角，今天学的画角和以前学的有什么不一样吗？

生3：角的度量是不是和线段一样呢？

······

师：其实对于度量，我们在以往的学习中已经有过接触。请同学们借助已学知识完成任务一，并说说自己的思考方法。

任务一：写出下面图形的长度和面积分别是多少？

1. 1厘米 线段的长度是（　　　　）

2. 1 cm²

师：这条线段有多长？

生1：我通过数一数，发现这条线段是由5个这样的1厘米组成的，所以是5厘米。

师：在线段的度量中，以1个标准的度量单位为基础，有几个这样的单位就可以确定它的长度是几。

师：大正方形的面积又是多少？

生2：可以通过数的方式得出大正方形中有9个1平方厘米，所以是9平方厘米，你们同意吗？

生：同意。

师：看来不管是测量长度还是测量面积，都需要找到它们的度量单位，再数出有几个这样的度量单位，就知道它的结果了。

（二）整体感知，感悟本质

1.整体感知，提出疑问

师：今天老师带来了一个角，按照刚才学习的经验你觉得研究它的大小最关键的是什么？

生：角的单位。

师：你们真是会思考的学生，角的单位会是什么？听说过吗？

生：度。

师：看来有些学生有一定的了解，有的同学还不知道。想一下认识长度时，先认识1厘米、1分米、1米等这样的长度单位；认识面积时，先认识1平方厘米、1平方分米、1平方米等这样的面积单位；包括认识时间、认识质量这些常见的量都是从1个这样的单位开始的，大胆猜想一下角会不会也从1°开始呢？接下来我们就借助工具去认识它吧。

课件出示：

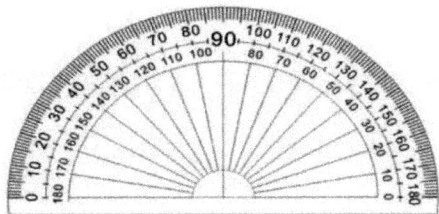

师：认识这个工具吗？

生：（齐）量角器。

师：量角器是一种测量角的工具。仔细观察在量角器中都有什么？

生1：有数字和刻度线。它们就像直尺上面的刻度一样，不过它是半圆形的。

生2：它们的刻度绕着半圆有两圈，外面是从左边开始0—180°，里面是从右往左数也是0—180°，这是为什么呢？

师：谁知道为什么呢？

生3：我可以回答，因为我们有些角是朝向左的，有些角是朝向右的，这样两边都可以测量。

师：真是善于观察，勤于总结的学生。

生4：为什么量角器上没有看到1°角呢？

生5：1°的角应该很小。

师：正如这个同学所说，1°角是最小的角，也就是角的度量单位。它到底在哪里？

2.找角，认识1°角并建立1°角的表象

师：现在请同学们借助量角器，同桌两人为一小组，先找找看你

任务二：

1.在量角器中你能找出哪些角，大胆猜想哪两条边组成的角是我们要找的1°角。

能找到哪些角？再尝试找到 1°角。

学生展示：

生 1：找到了 90°角。

生 2：找到了 10°、20°、30°角。

……

师：同学一下找到了这么多角，你们找到的 1°角在哪里？

生 3：我发现每两个刻度之间都有 10 个小格，所以 1°角就是这样的一小格。

师：这个学生说得有没有道理？这样的话我们的量角器中有多少个 1°角呢？

生：（齐）180 个。

师：人们将圆平均分成 360 份，将其中 1 份所对应的角作为度量角的单位，它的大小就是 1 度，记作 1°。量角器是根据这一原理把半圆分成 180 等份制成的。（课件动态展示 360°角形成过程）

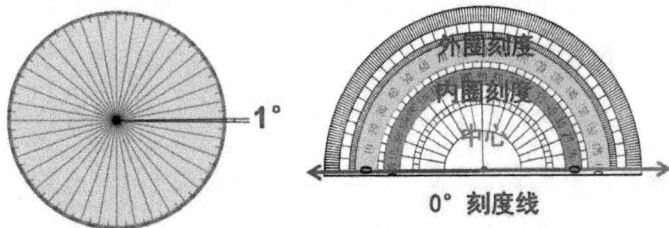

生：1°的角原来这么小啊！

（三）动手实践，体验价值

任务三：

2. 先估一估角的度数，再用量角器测量课本第 40 页∠1 和∠2 的度数。

学生操作并汇报。

生 1：∠1 估计是 $30°$，∠2 估计是 $70°$。

生 2：∠1 估计是 $40°$，∠2 估计是 $80°$ 或者 $75°$。

生 3：∠1 大概在 $30°$，∠2 我觉得更接近 $70°$。

师：能说说理由吗？

生 1：因为我觉得它和三角尺上的一个角差不多，而且要比 $45°$ 小，它还没有到 $90°$ 的一半。（学生边说边比画）

生 2：我和她的想法差不多，但是我觉得∠2 更接近 $80°$，因为它离 90° 很近。

生 3：我觉得如果从∠2 结束的位置到 $90°$ 中补一个角，肯定比∠1 小，所以不可能是 $70°$。

师：看来同学们都能有理有据地说明理由。用眼睛看始终会存在一定的误差，如果借助测量角的工具，是不是就可以得到更加精确的答案了？现在赶紧动手去量一量。

学生操作并进行相应的汇报展示。

生 4：∠1 是 30°

师：都是这样吗？

生 2：我测的∠1 是 60°

师：哦？两位同学意见不一样，你是怎么量的？（测量结果是 60° 的女生上台展示）

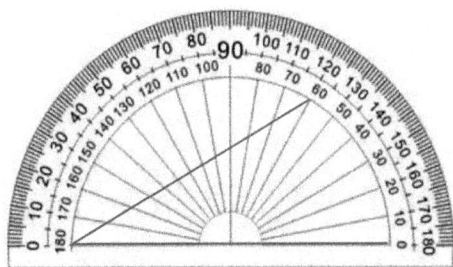

师：请另一个学生展示你的测量方法。注意观察他们之间有什么不同。

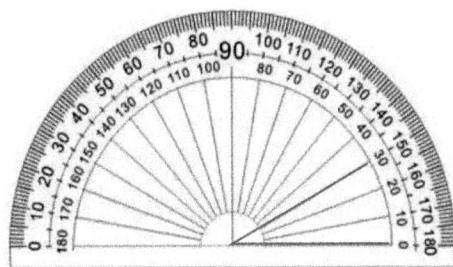

师：评价一下他摆得怎么样，怎么摆的，怎么读的？

生 3：他把量角器推过去摆正，推进去，然后把角的一条边与 0 刻度重叠在一起，看另一条边对着哪个刻度读出来就行了。

师：推过去的目的是什么？

生：让量角器的中心和角的顶点重合。

师：读刻度的时候为什么读 30° 而不是 150°？

生：因为角的朝向，所以应该读内圈的刻度，你们同意吗？

师：我请一个同学上来描一描读这个角度数的时候是从哪到哪？

师：如果从另一边读就成了多少度？那角的一条边就应该在哪？

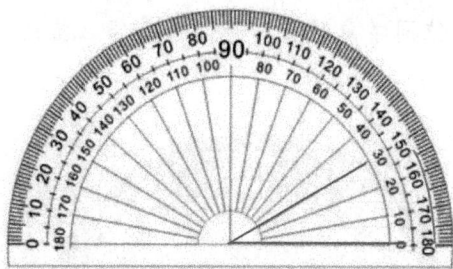

生：150°，角的边就会在左边的 0 刻度线。

师小结：怎么测量角的度数，什么时候读内圈，什么时候读外圈，你们有经验了吗？

学生汇报，教师梳理板书。

板书：顶　点　———————→　中心点

　　　一条边　——0——→　刻度线

师：既然同学们已经有测量的经验，接下来你们当小老师，你们说我来摆，一起验证∠2 的度数如何？

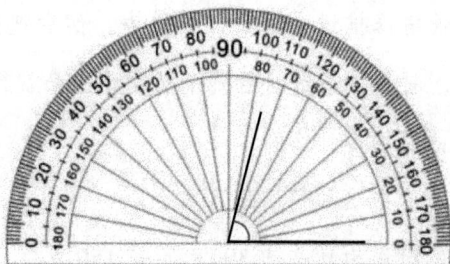

师：这一次老师在读角的度数时遇到了麻烦，角的另一条边到底对准的是哪个刻度，谁能给老师支招？

生：可以把另一条边先延长，这样就可以找到对应的刻度了。

师：你的意思是延长角的一条边并不会改变它的大小，还能帮助我们解决读数不准确、不方便的情况是吗？真是会想办法。接下来我要交给你们一个更具挑战性的任务。

（四）操作画角，深化认识

课件出示：

> **任务三：**
>
> 画一个 50 度的角。

学生展示

生 1：先画一个点，让它和量角器中心点对齐，在 0 刻度和 50 刻度位置分别点两个点，然后把这两点分别和开始的点相连形成了顶点和角。

生 2：先画出角的顶点和一条边，让顶点与量角器中心重合，角的一条边与 0 刻度线重合，然后找到 50 刻度位置点上点，再与顶点相连。

生 3：先在 0 刻度和 50 刻度位置分别点两个点，然后连成一个角。

师：这 3 位同学都画正确了吗？

生：第一个和第二个同学画得准确。

师：为什么对最后一个同学的画法你们不赞同？

生：因为如果不确定顶点，拿开后就不知道往哪里连，形成的角也不一定是准确的。

师：老师采访一下这位同学，你当时在最后连线的时候遇到了什么困难？是不是像他们说的那样不知道往哪里连顶点？

生3：是的，我开始以为自己是对的，但是后来不知道怎么办，我就……

师：原来画角的顺序还真重要，不能随意调换顺序。角的顶点确定了角的什么？

生：（齐）位置。

师小结：没有这个定海神针，角就无法找到方向。咱们一起来总结一下画角的过程。

教师根据学生的回答进行梳理形成画角的板书。

板书：先确定顶点—再找刻度—最后连线成角

（五）优化练习，巩固提升

1. 丽丽测量的角的度数如图：∠1=（ ）简要表述你的思考过程。

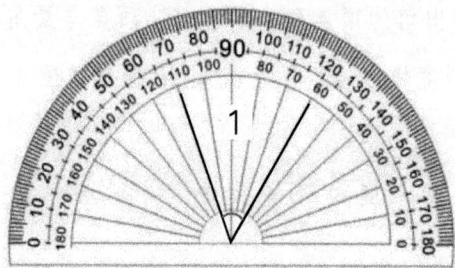

生1：是50°，因为用 $110°-60°=50°$。

师：你们同意她的说法吗？还有不一样的想法吗？

生2：我也是50°，但是我看的是外圈用120°－70°=50°

师：听完两位同学的发言，你们有什么发现？

生：他们的答案是一样的，只是看的角度不同罢了。

师：是的，思考的角度不同，方法不同，但是结果却是相同的。这在数学上也叫求异思维，掌声送给两位同学！

师：以前我们说测量一个物体可以从0刻度开始，也可以从其他的刻度开始，只要是一个单位一个单位数出来，都是正确的。如果想从0刻度开始，只需怎么？

生3：把量角器调整一下方向。

师：真是会想办法，测量不同方向的角可以通过旋转量角器的方式来实现测量。

2.度量一个角，角的一条边对着量角器外圈上的180°的刻度，一条边对着量角器内圈上的70°，这个角是（　　　）。（注意观察量角器内圈和外圈刻度之间有什么关系）

生：量角器上内圈的刻度加上外圈的刻度都是180°。

生1：根据刚才的发现，我们知道如果外圈是180°，那么它的内圈就是0°，这样的话这个角就是从0刻度开始到70刻度位置结束，所以是70°角。

师：看来同学们分析得既合情又合理，真是活学活用啊。

回顾一下今天的学习内容，我们今天这节课研究了什么？（角的度量与画角）。要去度量一个角最关键是要找到什么？找到度量的单位，然后通过数一数单位的个数，就可以完成对角的度量。

师：从这个角度来说，你们觉得不管是度量长度也好，度量面积也好，又或者是度量角，有没有什么相似的地方？都要先进行什么？然后用工具去干吗？（测量）数一数里面有（几个）？随着学习的不断深入，到了五、六年级我们还要去研究体积，到了中学和高中，可能我们还需要去研究别的这样的度量，我希望同学们带着今天的认识，走出课堂，深入地去把握度量的本质。好，今天这节课我们就上到这里，下课！

【课例评析】

素养导向的课堂有何不同？怎样的任务设计才是培养学生数学必备品格的良方？从学生角度出发思考如何让思维"活"起来，让课堂"动"起来，把自己变成发现问题、分析问题、解决问题的关键变量。

度量的本质是度量数量的多与少，也就是以小的单位量去度量较大的单位量，如可以用一个更短的线段去量一个更长的线段，以一个小的面去量更大的面，以一个更小角去量更大的角，所有的度量都是在比较中进行的。角的度量难点就在于如何把量角器上的角与所给定的测量角重合起来，要突破这一难点就是要让学生在活动中去充分体验并理解角的单位产生、量角器的构造，感悟度量的本质，以此促进量感的生成。

郑毓信教授曾说过："数学教学中的知识不是越多越好，数学知识的理解贵在求联而不在求全。"在这节课的教学中我也秉承这一观念，帮助学生主动建立联系，形成知识网络，这在数学概念教学中不可或缺，对于学生关键能力培养和必备品格的修炼也至关重要。

一、激活旧知，孕育数学必备品格

新课开始，为沟通新旧知识之间的联系，把握学生认知起点，唤醒学生已有经验，为学生搭建通往新知的路径与阶梯。教师利用 1 个长度单位推算整条线段的长度，利用 1 个面积单位推算整个图形的面积。"不愤不启，不悱不发"，"角的度量是不是也是从 1°开始的呢？"启发式问题诱发学生思考，进而产生探索问题的欲望。在长度、面积单位测量过程中进行有机渗透，是对前期知识的一次有效巩固，更是有效激活旧知，为学生掌握新知和个人全面持续发展提供有力支撑，这对学生数学必备品格的形成也发挥着不可估量的作用。

二、任务驱动，催生数学必备品格

有效的任务驱动可以促使学生积极思考、质疑问难、求知求真，为催生学生的数学必备品格创造有利条件和生长环境。核心素养导向下的课堂教学更多地关注学生经历了什么？体验了什么？获得感如何？任务的有效性是以学生发展为本的教学理念的集中体现，教师在本课共设计三个大的任务支撑本节课主要教学环节。

（一）由知到能，生发成长

任务一通过长度和面积的测量唤醒已有知识经验，在学生心中树立知识结构化的意识，凸显度量感。核心素养的表现更多是聚焦在几何直观和量感方面，初步的体验与感悟为接下来的问题解决创造有利条件。

（二）由表及里，梯级成长

任务二问题的设计旨在体现知识的层次递进性，设计了找角和量角两个活动。找角是量角的前提，对1°角的探究是本节课的学习关键点，在与360°和180°角的动态分割过程中，学生不禁发出"原来1°角这么小啊"的感叹。感性经验的建立是理性抽象的前提条件。其实这个时候教师还可以引导学生在头脑中再一次建立角的动态生成过程，它是如何慢慢变小，再从1°角不断累加变90°角、变180°角、变360°角，又是如何慢慢变大。在一来一回中加深对度量本质的理解，为接下来的估角做好充分的准备。任务二中量角之前先估角，合理的任务驱动让量感培养随时发生。同学们你一言我一语在辩论中萌生智慧，从模糊到清晰，从非标准到标准，从感性到理性层层深入。

在量角的过程中，学生测量中的错误体现了长度测量的知识对角的度量产生了负迁移，一些学生因思维定式，习惯于从左边开始测量，因为在学习长度测量的时候0刻度也是在左边。我在学生展示时并没有打断这个学生的发言，进而让学生观察另一个同学的展示，面向全体同学提出思考问题："他摆得怎么样？是怎么摆的？怎么读的？"在这里我想有这样三个层面的解读："摆得怎么样"指向课堂评价，传统的教学更多的评价在师生之间流转，而这个问题将评价抛给学生，学生带着自己的理解去反思、评价他人，难道不是一种更好的知识建构过程吗？"是怎么摆的"直指问题本质，无声的教育让学生明白知识是如何发生和发展的，追本溯源为什么这个同学推量角器，他的目的是什么，学生的操作过程就是量角的过程，过程经验的积累形成知识的积累。"怎么读的"引领学生关注角所表达的意义，学生只有清楚角从哪里来、到哪里去，才能正确掌握角的测量。最后，教师只需要依据学生的理解帮助学生识记知识，经历探究实践所形成的学习经验是可带走、可同化、可长时储存的有意学习。

（三）由反辅正，蜕变成长

孙晓天教授说过："小学阶段的测量教学，不应只是停留于单纯的技能训练，应该用一系列的'为什么'激发学生去探索、去发现。"任务三画角活动中，一名学生先在量角器的刻度上找到相应度数，但为什么就不能画出相应正确的角呢？有时我们纠结错误的资源要不要拿出来，会不会奏出课堂不和谐的声音。笔者认为课堂生成的资源需要教师以敏锐的直觉转化为可利用的教学资源，在同学之间的辨析中，促使学生不断调整、纠正，形成正确认知。有时候反面的教学素材可以成为"助燃剂"，帮助我们更加深刻科学地认识知识，全面地提升数学素养。

三、深入探究，形成数学必备品格

数学教学的主要任务就是要利用课堂资源促进学生的深度思考，发展学生的数学思维能力，同时在探究活动中培养学生良好的合作能力及接纳他人的优秀品质，形成数学必备品格。

学生在估角的活动中并不是盲目猜测，而是通过观察、对比、分析，用熟悉的 $90°$ 角和 $45°$ 角作为标准来分析，学生通过目测、比画、补角等方式向同伴证明推理的合理性，交流活动旨在进一步促进学生建立量感。教师引导学生感知估角的方法，同时发现估角存在的误差，为量角器的出现和价值起了承上启下的作用。

通过学生说教师做，师生共研测量∠2，让量角的活动在交流中走向深入。当遇到角的边不能够对准相应刻度时怎么办？影响角大小的本质到底是什么？我们所测量的角到底是从哪里到哪里？这些都直接影响着学生对知识的理解深度。教师让学生上来描一描所测量的角的范围，位置清楚了，度数也就能读正确了，画也就能画得更得心应手。苏霍姆林斯基曾说：手和脑总是存在千丝万缕的联系，如何让手使脑得到发展，让它更加明智；如何让脑使手得到发展，让它变成创造的、聪明的工具，变成思维工具和镜子，这需要教师在适当的时机抛出问题，激起学生思维的浪花，让课堂"动"起来，"活"起来。

四、拓展提升，发展数学必备品格

量感的培育是一个循序渐进的过程，学生需要在持续的体验中逐步成长。一节课时间总是有限的，课堂教学很难有充足的时间去进行量感的体验，平时教学中我们多以封闭而单一的纸笔练习为主。如何从课内延展到课外，从浅表化走向深层，这堂课安排了一个紧凑、短时、有效的课时练习，目的是检测学习效果。在课后的作业中还可以增设具有针对性、层次性、探索性的练习题，要与生活紧密联系，充分体现学是为了用。

（一）把量感"讲"出来

通过实践活动将生活中的角与数学中的角进行有效结合，以触类旁通的方式发现身边存在的数学问题。这堂课采用让学生分析解决问题的方式展现学生的思维过程。其实，也可以设计一个50°的角与楼梯和地面形成的夹角进行对比，看楼梯与地面形成的夹角大约有多少度。如果这个夹角很小会出现什么问题，如果这个夹角大于 50° 又会带来什么问题？学生能结合生活实际，以数学的语言描述现实世界，也是培育核心素养的有效途径。

（二）把量感"做"出来

如果让你为一把椅子设计一个后仰角，角度应该控制在什么范围比较合适呢？理由是什么呢？（画一画，再说一说）

总之，数学素养的生成离不开数学教学活动的精心设计。努力为学生营造一个民主、平等、和谐的课堂氛围，引导学生主动地学习数学，探索、理解、掌握和运用数学知识，形成数学能力，经历数学化的过程，为学生必备品格的形成创造良好的环境和条件，以此促进学生数学核心素养的形成与发展。

课例八：《秋天的怀念》课堂实录

执教：肖林波（重庆市初中语文现场赛课一等奖获得者）

一、走进课题，看插图理解人物

师：大家齐读题目，从这个题目里你读出了些什么？

生：读出"思念"之情。

生："秋天"让我读出了淡淡的忧愁。

师：从题目里我们读出了文章的情感，那让我们深情一些，深沉一些，再次齐读文题。

生：（齐读）

师：这是作家史铁生的一篇怀念母亲的文章，大家看这幅图片（PPT出示课文中的插图：史铁生的画像），让你感受最深刻的是什么？

生：他的笑容。

生：他笑得好灿烂。

生：感觉他笑得好开心。

师：是的，他笑起来真好看，灿烂的笑容最迷人。可是孩子们知道吗？在他灿烂的笑容背后，曾经历过生死的挣扎（PPT出示史铁生的资料：在史铁生21岁时，也就是1969年到陕北延安"插队"。三年后因双腿瘫痪回到北京，在北京新桥街道工厂工作，后因病情加重回家疗养。后来又患肾病并发展到尿毒症，靠着每周 3 次透析维持生命。）

二、走进文本，抓词句品读人物

（一）读作者"绝望"的活

师：同学们，一个阳光高大的小伙子，在生龙活虎、血气方刚、绚丽多彩的青春年华双腿瘫痪，遭遇不幸，这叫人怎能接受和面对？通过预习，双腿瘫痪后，"我"整个人是一个怎样的状态？用文中一个词语概括。

生：暴怒无常。

师："暴怒无常"的意思是什么？

生：突然暴怒，变化无常。

师：哪些句子可以看出"我"的"暴怒无常"？

生：双腿瘫痪后，"我"的脾气变得暴怒无常。"望着望着天上北归的雁群，我会突然把面前的玻璃砸碎；听着听着李谷一甜美的歌声，我会猛地把手边的东西摔向四周的墙壁。"

生："哎呀，烦不烦？几步路，有什么好准备的！"

生："不，我不去！"我狠命地捶打这两条可恨的腿，喊着："我活着有什么劲！"

师：从这些句子里我们看到了当时的一个怎样的"我"？

生：非常暴躁。

生：绝望而愤怒。

生：对生活失去希望。

生：从"我活着有什么劲！"我看到作者好像有轻生的念头。

师：孩子，你体会得很细腻。面对突如其来的双腿残疾，我无法接受这个事实呀，围绕我的全是悲观，乃至绝望，看不到一丁点儿的希望。

师：这些句子我们应该怎样来读它？

生：读出暴怒，节奏稍快。

师：用较低沉缓慢的语调来表现绝望的情绪，"突然""猛地"提高声调，重读几个动词，让我们来用声音体会"我"无比绝望的心情。

生：（读）

师：（小结）读到这些句子，你看到了当时"我"是怎样的"活"？

（板书：绝望的活）

师：我们一起来看看当年妹妹的回忆。

（PPT出示：史铁生瘫痪前期，妹妹回忆：哥哥瘫痪后，他动不动就发脾气。看见他把鸡蛋羹一下扔向屋顶、把床单撕成一条一条，我吓得已经不会哭了，只是大气不出地看着，盼着这一天赶紧过去。可是又怕明天还会发生什么。我亲眼看见他把一整瓶药一口吞下，然后疼得在床上打滚，看见他一把摸向电源，全院电灯瞬间熄灭，才知道什么是真正的恐惧和绝望。这种日子经常发生。其间，史铁生曾三次自杀未遂，是母亲用深沉而执着的爱和生命救赎了他的内心和灵魂。）

生：（小声读资料）

（二）读母亲"艰难"的活

师：此时面对瘫痪且暴怒无常、生活绝望的儿子，母亲是怎样做的？

生："母亲这时就悄悄地躲出去，在我看不见的地方偷偷地听着我的动静。当一切恢复沉寂，她又悄悄地进来，眼边儿红红的，看着我。"

师："我"把东西砸碎，母亲不制止，为什么"悄悄地躲出去"。

生：面对儿子的暴躁，母亲也无奈。

师：是无奈？母亲对儿子放弃了，就不管啦。

生：不对，母亲在悄悄听着他的动静呢。

生：是的，不应该是无奈，我觉得是母亲知道儿子的腿瘫痪了，心情不好。

师：心情不好的时候，我们需要怎样做？

生：需要发泄。母亲是为了让儿子尽情发泄心中的痛苦，所以才悄悄出去。

师：从中我们看到了一个什么样的母亲？

生：理解儿子。

生：体谅儿子。

生：还有对儿子的包容。

生：母亲还在外面"偷偷地听着我的动静"，说明母亲是不放心"我"的，她一直在悄悄地观察着"我"。

师：孩子你读得很仔细，所以还看到了母亲对我的……

生：对"我"的担忧。

师：你平常应该是一个很理解母亲的孩子吧，体会得这样细腻，能做你的妈妈真的好幸运！

师："悄悄地进来"是因为母亲怕引起"我"的暴怒脾气。在儿子面前母亲的一言一行都特别地注意，就怕惊扰了绝望的儿子。你看，她是多么的小心翼翼啊。来，我们一起读读这个句子，用缓慢而轻柔的语气读出母亲的担忧和焦灼，读出母亲的小心翼翼。

师：我们继续往后读，还读到一个怎样的母亲？

生：母亲扑过来抓住我的手，忍住哭声说："咱娘儿俩在一块儿，好好儿活，好好儿活……"

师：孩子，这是母亲的什么描写？

生：语言。

生：还有动作。

师：好，那我们先来看看母亲的这几个动作，听到"我"不想活的喊叫，母亲立马就……

生："扑"了过来。

师：为什么用"扑"？母亲"扑"过来，扑住的究竟是什么？

生：母亲听到儿子说不想活着急呀，她扑过来，是想阻止他，好像要告诉儿子，千万别这样。

师：也就是说母亲"扑"过来，是扑灭"我"心中的……

生：扑灭绝望。

生：给"我"信心。

师：孩子我似乎看到你眼神中为儿子加油的力量。扑灭"我"心中的绝望，对生活的悲观。

师：母亲抓住"我"的手，母亲"抓"住的仅仅是"我"的手吗？

生：母亲是想抓住"我"的心，给"我"活下去的信心。

生：母亲抓住的是"我"的生命，她后面跟"我"说"要好好儿活"嘛。

师：同学们，老师要为你们今天的情绪点赞，从你们的体会中我已深刻地感受到你们已经把自己代入了文本的角色，这是我们体会文字很好的方法。

师小结：扑灭"我"心中的绝望，对生活的悲观，母爱好坚定！抓住"我"的生命，抓住"我"对生命的信心，母爱多么执着！同学，请你来读读这句话，读出母亲的不顾一切和义无反顾，读出坚定和执着！

生：（读）

师：我们继续看，母亲忍住哭声，母亲"忍"住的是什么？

生：母亲忍住了她自己的悲伤。因为儿子这样，母亲也伤心呀！

师：是的，母为子痛，会痛得更深。

师：忍住心中的悲痛，母亲的爱多么深沉！

生：母亲还为"我"把落叶"挡在窗前"。

师：哪个字？

生："挡"。

师：按照我们刚才的思路，母亲为我"挡"的还有什么？

生：因为落叶给人萧瑟感，会给人带来悲伤的心情，母亲设法不让儿子看到窗前的落叶，便"挡在窗前"，这体现了母亲对儿子细腻的爱。

师：你来给这位同学归纳一下，母亲为我"挡"住了什么？

生：挡住不好的情绪。

生：挡住为"我"带来不好心情的落叶。

师：母亲对儿子的爱如此细腻，你对文本的理解也是如此细腻，谢谢亲爱的孩子！

师：孩子们，母亲为"我"做的远不止这些，而此时的母亲自身所处的境况怎样？

生："整宿整宿"肝疼。

生："翻来覆去地睡不了觉"。

生："大口大口地吐着鲜血"。

生："就再也没有回来，她正艰难地呼吸着"。

师：这些句子里我们看到母亲……

生：母亲也已经病了很久啦，而且病得厉害。

师：可是这一切，我却……

生：全然不知。

师：母亲自己却全然不顾，孩子，这些句子让你看到了一个怎样的母亲？

生：无私与坚强。

生：为了孩子不顾一切，包括生命。

师：如果用文中一句话来概括母亲的生活，你觉得哪句话更合适？

生：艰难的一生。

师："难"在哪儿？

生：此时的母亲自己身体都顾不了，却硬撑着照顾瘫痪的儿子，还有一个未成年的女儿。

师：所以母亲是"艰难的活"。（板书：艰难的活）

（三）读"好好儿活"明深意

师：面对身体的残疾，"我"的脾气可以暴怒无常，可以肆无忌惮地宣泄，可以无所顾忌地摔打；可母亲呢？面对疾病晚期，面对瘫痪的儿子，面对还很小的女儿，母亲怎样做的？如果也找一句话概括，哪一句更加合适？

生："好好儿活"。

师：文中这句话反复出现几次？我们一起来读读看。

生："咱娘儿俩，要好好儿活，好好儿活……"

师：这句话你认为我们要重读哪个字才能表现当时母亲的心情？

生："活"。

师：咱们重读"活"，活下去，珍爱生命，我懂得了母亲的话，"在一块好好儿活"这句话里你认为该重读哪个词？

生：重读"好好儿活"，活出生命的质量，好让生命有意义。

师：母亲出去了就永远没有回来，那么后来的我好好活了吗？从文中哪些句子可以看出？

生："又是秋天，妹妹推我去北海看了菊花。黄色的花淡雅、白色的花高洁、紫色的花热烈而深沉，泼泼洒洒，秋风中正开得烂漫。"

师：越是怀念，越是深深地自责啊，越是自责就越要好好活啊。所以，我们一起来看看这些资料，看看史铁生后来到底是怎样好好活的？

（PPT出示：史铁生，一个生命的奇迹。21岁双腿瘫痪，30岁双肾失灵，重度感染尿毒症，靠长期的透析维持生命，59岁的轮椅作家因突发脑出血去世。他的脊椎、大脑捐给医学研究；他的肝脏捐给了有需要的患者。他在漫长的轮椅生涯中自强自尊，代表着一座文学的高峰。1979 年开始发表作品，所有作品都是在病榻上完成，自称"职业是生病，业余在写作"，创作的散文《我与地坛》鼓励了无数的人。）

生：（自读资料）

师：看完这段资料后，你认为史铁生的"好好儿活"是怎样的活？

生：用乐观向上的心态直面身体的残疾。

师：是的，好好活是面对现实。

生：用自己的写作来实现自己的价值。

师：是的，好好活是实现自身价值，这是最优秀的活法。

生：是不辜负母亲的遗愿。

师：是的，他按照母亲的遗愿，去看了美丽的菊花，迎接了一个又一个秋天的到来。

师：所以孩子，对于史铁生后来的"好好儿活"，你感受到了什么？

生：为他的重生而骄傲。

师："重生"一词用得太棒了。

生：我很佩服作者，其实他是一个无比坚韧的人。

师："坚韧"一词很贴切，身残志坚。

生：我也为作者点赞，因为他在病床上度过几十年，坚持写作，有那么多的贡献。

师：是的，他是值得我们敬仰的一位大作家，活出了生命的高贵。

三、走近自己，悟主题收获课堂

师：所以，孩子们"好好儿活"简单的三个字却意味深长，其深刻的意义也历久弥新。对于今天的我们，你怎样理解"好好儿活"？

生：活得有意义。

师：怎样才算有意义呢？

生：就是要……要好好学习。

师：该学习的时候好好学习，不荒废大好时光，嗯，有意义。

生：有自己的目标，并向着目标努力。

师：是的，"好好儿活"就是让自己的人生有梦想。

生："好好儿活"就是面对生命的打击和困境要百折不挠。

师：是的，你这叫活得坚韧，生活中做个"打不倒的小强"，加油！

生：我认为"好好儿活"是活得自在，该干吗干吗。

师：孩子，你这叫活得通透吧，活在当下，珍惜眼前。（学生笑着点点头）所以，让我们再次回到文章题目《秋天的怀念》你还能读出些什么？

生：读题目，读出怀念。

生：读题目，读出深情。

生：读题目，读出坚定自信。

生：读题目，读出乐观积极。

生：读题目，读出憧憬向往。

师：最后，我们一起来回顾本堂课，你有哪些收获？

（出示 PPT）

1.积累一些词，记住一句话，背诵一段文字。

2.认识一个人，理解一份情，获得一些启示。

3.理解标题含义，赏析人物描写，学习写作手法。

【课例评析】

《秋天的怀念》是部编版语文七年级上册第二单元的第一篇课文。这一单元的课文，从不同角度抒写了亲人之间真挚动人的感情。《秋天的怀念》是史铁生写的一篇怀念母亲的散文，字字凝练、句句含情，文本在平静的叙述中蕴含着感人的力量，回忆母亲在自己双腿瘫痪后的几件平常小事，由一个个平凡的细节诠释了母爱的内涵，同时也传递出对生命的感悟。

一、从题目入手，巧用课文插图

文章篇幅不长，叙事也不复杂，寥寥数语，表达出的是几十年埋藏于心最深刻的思念，需要我们静下心来细细品味。所以我从文章题目入手，文章题目是一篇文章的题眼，不可轻视。让同学们从题目里感受深沉的感情基调，对文本的写作对象和大致情脉有初步感知。

在我的语文教学中，我的主思路是依托文本，循着文本的词词句句去触摸文字背后的深情，所以对于一篇文章，我不放过编者在文本里的所有信息。当我翻开这篇文章时，史铁生这幅半身轮椅插图赫然醒目，他衣着朴素，脸上洋溢着灿烂的笑容，笑得如此平静，笑得如此云淡风轻。他的毕生经历让我对这样的笑容肃然起敬，我要让孩子们也能透过这个笑容看到些什么。所以在课堂导入时，我用了这幅插图，通过这个笑容，引出他曾经的"绝望"。

二、抓关键词句，品悟人物情感

在本堂课的具体教学中，我采用主问题贯穿整节课，主要抓两个词和一句话来设计整个教学。

通过"暴怒无常"一词，找出写作者的句子，体会作者的绝望；通过"艰难"一词去读懂母亲的不易。通过体现两个词的这些句子的咀嚼细读，让同学们感受到母亲对儿子用生命呵护的深沉的母爱。顺文段抓住史铁生从"不懂"母亲到"懂得"母亲的心路变化历程，与孩子们共同感受他的成长、成熟，读懂这个真实而矛盾的儿子。

我告诉学生们一定要重视文中反复出现的句子，这样的句子一定是文本的关键句。本文的"好好儿活"就出现了两次，一次在文章开头部分，一次在文章结尾，这句话的出现给了我设计本堂课的教学灵感。第一次是品味在"我"暴怒摔打时，母亲抓住我，对我说"好好儿活"，我让孩子们重点抓"活"字，那个时候那种情绪下的"我"，母亲应该是想让"我"爱惜生命，活着。第二次品味文末"我"口中的"好好儿活"，是"我"真的在好好儿活，并且活出了意义和价值，活出了生命的精彩，不愧母亲，不负自己！所以这一句重点让学生抓"好好"一词。同一句话不同的语气，不同的情景下，有着不一样的意义。而后，我设计了第三次"好好儿活"，这是我让孩子们跳出文本品读"好好儿活"这句话。经典文章的魅力在于常读常新，史铁生的身残志坚，以群蚁排衙的文学著作诠释了他的"好好儿活"，而今天的我们，如何让自己"好好儿活"？让孩子们走出文字，走进自己的内心，去审视自己，去规划自己，赋予"好好儿活"丰富的内涵。

三、课堂结构闭环设计，让思维进阶

在课堂的最后，同学们对"好好儿活"有了自己新的领悟，我们再次回到课堂开始，回读课题。此时对课题的回顾，同学们也有了更加深刻的情感体验，由之前对《秋天的怀念》课题比较深沉的朗读处理，也有了多种情感基调的处理。所以对本篇文章的理解也是由之前的"深沉"和感伤，变成课堂结束时对生命的积极向上。

语文课，我想循着语言文字的根，让孩子们去分析和体验别样的人生经历，在课堂上收获成长。前路漫漫，但初心不变，慢慢摸索，与孩子们共同感受经典文学的美。"好好儿活"，一句话，一辈子，一生情。

课例九："光的直线传播"

执教：向桃昭；指导：黎国忠

一、教材分析

《光的直线传播》出自人教版初中物理八年级上册第四章第一节，是光学的开篇章节，本节主要包含以下三大板块：光源及分类、光的直线传播、光的传播速度。光的直线传播是初中三大光学现象之一，它为后续学习光的反射现象、光的折射现象打下坚实的基础。

二、学情分析

（一）学生认知基础

学生通过小学五年级下册科学（湘科版）第三单元光的学习，对光源、光沿直线传播等知识有了初步了解。

（二）学生学习特征

八年级的学生通常对物理实验探究活动兴趣较高，且喜欢动手实践，这有助于他们更好地理解和掌握物理知识。但由于学习物理时间短，对科学探究认识不足，且学生的逻辑思维还需要生活经验支撑。因此，教学中应坚持"教师为主导，学生为主体"的原则，通过教师创设问题情境和有效的设问引导，让学生亲历物理知识的构建过程。

三、核心素养目标

（一）物理观念

1.通过比较分析，初步形成光源的概念及光源的分类。

2.通过实验探究初步形成光沿直线传播的概念，并能列举光沿直线传播在日常生活中的应用。

3.了解光在不同介质中传播速度不同，知道真空中的传播速度为$c=3\times10^{8}\mathrm{m/s}$。

（二）科学思维

1.能利用光沿直线传播知识解释日常生活和自然界的重要现象（影子、日食、月食的形成）。

2.通过实验探究活动，知道实验是研究物理问题的重要方法。

3.通过对光线的学习，让学生知道理想模型法。

（三）科学探究

通过任务驱动，经历探究光沿直线传播过程，增强实践体验，并解释影子、日食、月食、影子小孔成像等现象，提升学生解决实际问题的能力。

（四）科学态度与责任

1.在实验探究过程中，培育学生正确的科学态度及初步的观察能力、分析解决问题的能力，培养学生交流合作的精神。

2.通过了解光的应用发展史等，将中国传统文化融入教学中，在培养学生核心素养的同时，增强学生文化自信。

四、教学重难点

教学重点：光的直线传播、光速。

教学难点：光沿直线传播的条件及解释生活中的重要现象。

五、教学准备

教学资源：多媒体课件、妙懂物理 App。

教学方法：探究式教学法、实验探究法、讲授法、直观演示法等。

教学用具：

学生分组实验器材：激光笔、蚊香（制造烟雾）、喷雾器（眼镜清洗液）、透明水槽（加冰红茶）、果冻、玻璃砖。

教师演示器材：激光笔、玻璃砖、静置的糖水（2 杯）、自制小孔成像演示仪等。

六、教学流程图

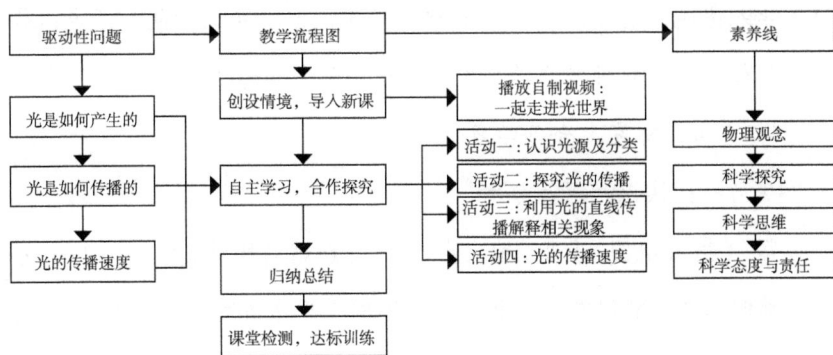

```
驱动性问题 ──────→ 教学流程图 ──────────────────→ 素养线

光是如何产生的       创设情境，导入新课 ──→ 播放自制视频：          物理观念
                                     一起走进光世界
                                                              科学探究
光是如何传播的       自主学习，合作探究 ──→ 活动一：认识光源及分类
                                     活动二：探究光的传播        科学思维
光的传播速度                          活动三：利用光的直线传
                                     播解释相关现象           科学态度与责任
                    归纳总结          活动四：光的传播速度

                    课堂检测，达标训练
```

七、教学过程

(一) 创设情境，导入新课

播放自制《一起走进光世界》视频，解说词：母亲给了我们一双黑色的眼睛，让我们用它来寻找光明。清晨的阳光把我从梦中唤醒，万物生长靠太阳（植物光合作用）；中午我看到了树影下的光斑，傍晚我看到河畔的金柳在波光里的艳影；漆黑的夜里，五颜六色的灯光

把城市装扮得宛如美丽的新娘。回首的刹那，我看到我们的祖先从一缕火光中看到了幸福的希望，墨子笔下的小孔成像、公元前 2000 年夏初的齐家文化时期的铜镜、《周礼》中的"十煇"、《汉书·天文志》"海旁蜃气楼台"、日晷的应用……无不书写着华夏五千年的辉煌。

师：同学们，看完这段视频你有什么感受？色彩斑斓的光世界如此美丽，人类对光的研究和发展从未停下脚步，那么关于光你想知道什么？

生：光是如何产生的？光是如何传播的？光的传播速度是多少？

师：让我们带着以上问题进入本节课的学习。

设计意图：用生活中的光现象及回忆我国古代对光现象的研究与应用导入课题，有效激发学生的学习兴趣，体现新课标从生活走向物理的课程理念，同时增强学生文化自信和爱国热情。

(二) 自主探究、合作学习

活动一：认识光源及分类

师：（播放组图：太阳、萤火虫、水母、点燃的蜡烛、发光电灯……）请同学们思考，它们有什么共同点及不同点吗？请同学们思考 1 分钟，然后交流分享。

师：哪位同学愿意分享一下，它们的共同点是什么？

生：它们的共同点是都能自身发光。

师：很好，你们赞同吗？

师：（学生赞同后）我们在物理学中把自身能够发光的物体叫光源。那么你还能列举日常生活中你所知道的哪些物体是光源吗？

生：灯笼鱼、电视机（个别学生回答：月亮、星星）……

师：很好，看来大部分同学都掌握得很好，刚才有部分同学提到了月亮和星星，那么请问它们是不是光源？为什么？

生：月球不是光源，因为月球不能自己发光。星星是光源。

师：很好，这里老师要强调两点：（1）月亮不是光源只，是反射太阳光；（2）宇宙中的恒星都能发光，是光源，行星不是光源。

师：这些光源的不同点是什么？哪位同学愿意分享一下。

生：有些是自然界中天然存在的，如太阳；有些是随着科技发展，人类通过工业生产出来的。

师：很好，我们可以根据它们的不同点把光源分为自然光源和人造光源。

设计意图：通过引导学生对太阳、萤火虫、水母、点燃的蜡烛、发光电灯的共同点、不同点，及对月亮、星星是否是光源的辨析，让学生初步建立光源及光源分类的物理观念。同时培育学生思辨能力及学科语言表达能力。

活动二：探究光的传播

过渡语：打开电视，点燃蜡烛等光源，我们就可以看见它们发光，我们知道这是由于光到达了我们的眼睛。那么，在这个过程中光是如何传播的呢？

情景一：分组探究：探究光的传播

教师活动：引导学生提出问题，并结合生活中城市楼顶的激光束、树林中透过的阳光，引发学生猜想光沿直线传播，进一步引导学生利用身边器材分组探究：探究光究竟是怎么传播的，完成下面的学习任务单。

学生活动：观察思考、交流讨论、合作探究、完成实验。

学生学习任务单

实验	实验器材	简述实验过程及现象	实验结论
探究光在空气中如何传播	激光笔、蚊香（制造烟雾）、喷雾器（眼镜清洗液）		
探究光在液体中如何传播	透明水槽（加冰红茶）		
探究光在透明固体中如何传播	激光笔、果冻、玻璃砖		

教师巡回指导，学生分享交流。

学生代表 1：我们小组选择激光笔和眼镜清洗液来探究光在空气中是如何传播的。一位同学打开激光笔，另一位同学沿光束方向喷水雾，可以观察到光沿直线传播。（教师投影学习任务单，学生演示）

师生归纳总结：光沿直线传播。

设计意图：通过让学生感悟光的传播，然后互动交流，动手实践，从而经历光沿直线传播实验探究的全过程，让学生明白实验是物理学习的重要载体。培养学生学会自主学习，学会探究，积极分析问题、解决问题的能力。

师：交流讨论：光在任何时候都沿直线传播吗？请举例说明。

生：刚才用激光笔射向玻璃砖时，在空气与玻璃砖交界处，光发生弯曲……

师：同学们真是火眼金睛，这个现象说明光并不是任何情况下都沿直线传播，而是有条件的。

情景二：师生合作探究：光沿直线传播的条件

师生活动：同学们，可以观察到光在空气中这段是直线传播，玻璃中这段是直线传播,但是空气和玻璃的交界面处好似"折断",这说明光沿直线传播的条件之一是同种介质。

师生活动:教师追问,那么在同种透明介质中光就一定沿直线传播吗?出示静置一天的糖水,请学生将激光束射向水槽,观察到弯曲光线,在学生感到不可思议时,请一名学生用吸管喝糖水上、中、下三部分后回忆先淡后甜的经历,顺利寻找到问题的原因是糖水浓度不同。提出寻找使糖水中光线变直的办法。

学生活动:观察实验现象,认真思考,学生交流讨论后寻找到通过搅拌,使浓度相同后光线变直的方法。最后通过实验验证,得出光沿直线传播的条件是同种、均匀介质。

光从空气射向玻璃中

光在同种不均匀介质(糖水)中

师:收集小组成员日常生活经验,列举光沿直线传播在实际生活中的例子。

生:激光引导挖掘、打靶瞄准、排队看齐、一叶障目不见泰山……(教师根据学生的回答,展示相关视频和图片,并对部分现象进行解释,加深理解)

设计意图:利用生活物品作为实验器材,创建真实问题情境,通过由浅入深的任务驱动,不断促进学生思维螺旋式上升,有效突破光沿直线传播的条件"同种、均匀介质"这一难点,同时通过列举生活实例，培养学生理论联系实际的能力。

情景三：构建光线概念

师：物理学中如何来表示光的传播径迹和方向呢？

（学生阅读教材后回答。）

生：通常用一条带箭头的直线表示光传播的径迹和方向，这样的直线叫作光线。（教师强调：直线表示光传播的径迹，箭头表示方向，并举例如何画出光从 A 点射向 B 点。）

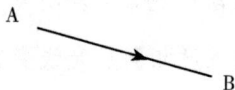

A ⟶ B

教师继续追问，生活中，光线是真实存在的吗？引导学生明确光是确确实实存在的，光线是假设的，是为了方便研究有关光的知识而建立的一种物理模型，这种研究方法叫理想模型法。

设计意图：光线知识的引导使学生在获取知识的同时领会物理学的研究方法——理想模型法。培养学生自主学习能力，同时对学生进行科学思维方法的训练。

活动三：利用光的直线传播解释相关现象

古诗欣赏：宋代苏轼《花影》"重重叠叠上瑶台，几度呼童扫不开。刚被太阳收拾去，却教明月送将来"。

师：在文人墨客的笔下经常会出现光现象的知识，这首诗中蕴含了哪些物理知识呢？日食、月食、影子的形成、小孔成像是怎么回事呢？

教师活动：将现代信息技术与物理教学融合起来，利用妙懂物理App，采用投屏的方式，模拟日食、月食、影子的形成、小孔成像等让学生明确其原理及光路图。

学生活动：观察思考，模拟体会知道其原理及光路图。

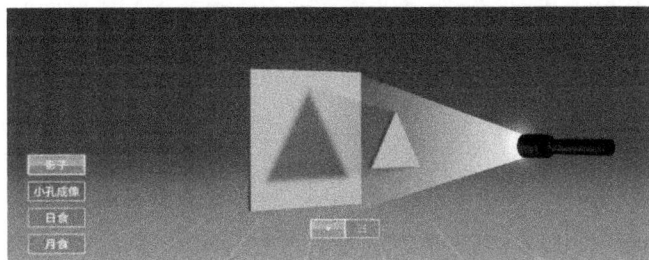

设计意图：将中国优秀传统文化古诗《花影》融入物理课堂教学，增强学生文化自信，提升学生民族自豪感。同时将信息技术有效融入物理教学，深刻理解知识的内涵与外延，提升教学效率，培养学生信息意识的核心素养。

教师追问：小孔成像中像的形状与小孔形状有关吗？像的大小有什么变化规律呢？（出示自制创新实验教具：小孔成像演示仪）

（装置介绍：利用光具座将凸透镜位置放上不同小孔来解释小孔成像与小孔形状无关，然后改变蜡烛到小孔距离和光屏到小孔距离从而改变像的大小。）

教师演示，学生观察后，师生归纳总结：

1.小孔成像成倒立实像，像的形状与小孔无关。

2.像的大小变化规律：

当光屏到小孔距离不变时，蜡烛到小孔距离越大，像越小；

当蜡烛到小孔距离不变时，光屏到小孔距离越大，像越大。

活动四：光的传播速度

请学生阅读教材第71-72页内容后回答：

（1）我们发现雷声总是在闪电出现后才被听见，为什么？

（2）在不同的介质中，光的传播速度是多少？

（3）光年表示什么呢？它是长度单位还是时间单位？

学生通过阅读教材，寻找比较光在不同介质中的传播速度，完成导学案对应题目，明确光在真空中传播速度最快，光的传播不需要介质，且知道光年是最大的长度单位。

设计意图：引导学生主动学习，提升学生自主解决问题的能力。通过阅读《我们看见古老的光》拓展学生的宇宙观，培养学生勇于探索的科学精神。

【课例评析】

一名物理教师，需要时刻关注与物理学科有关的，旨在提升人的综合素养，培养全面发展的人的各种教育教学方式、方法和教学资源，创造性地设计促进学生核心素养发展的教学活动，促进课堂教学由知识课堂向素养课堂的转型。本文以人教版八年级物理上册第四章第一节《光的直线传播》为例，以创建真实情境，通过任务驱动，构建物理观念，并让学生在科学探究中拓展科学思维及培育科学态度与责任，提升核心素养，凸显物理课程育人价值。

一、精心创设真实教学情境，培育"核心素养"生长的土壤

课例把核心素养目标落实在一个个生动具体的真实情境中。课堂开始通过三个连续性问题："光是如何产生的？光是如何传播的？光的传播速度是多少？"引领教学，培养学生善于思考探索的科学精神。在各板块教学中精心创设真实教学问题情境，首先是完全真实的学习任务；然后是现实世界的表现性任务；最后是需要应用知识和技能的基本任务。精心构筑培育核心素养的土壤，引导学生在问题解决中提升积极解决问题的能力。

二、重视实验教学，培养学科核心素养

物理新课标强调：实验是物理学科的灵魂，是落实物理课程目标，全面提高学生科学素养的重要途径。在本节课中教师真正放手，让学生分组亲历探究光是怎么传播的这一科学过程，并通过师生合作探究光沿直线传播的条件，有效突破"同种、均匀介质"这一教学难点。同时注重实验创新，利用自制创新实验小孔成像仪，使学生清楚地认识到学习物理的重要方法之一是实验，进一步培养学生分析问题、解决问题的能力及实事求是的科学态度。

三、合理应用现代信息技术，筑牢这一培养核心素养的支撑点

物理新课标指出：教师要将信息技术有效融入物理课堂教学，充分发挥信息技术的优势，使教学方式创新化，有效提升教学效率。在信息技术发达的今天，作为一线教师要与时俱进，紧跟时代步伐，将一些视频、软件等合理应用于课堂教学中，有助于培养学生的信息意识和运用新技术的核心素养，促进信息技术与物理学科教学深度融合。如在本堂课教学中，教师利用手机下载妙懂物理 App，结

合希沃白板手机投屏功能，可以轻松模拟日食、月食、影子的形成、小孔成像的过程，让学生明确其原理及光路图，提高课堂教学效率。

四、积极将中华优秀传统文化，融入物理课堂教学

物理新课标提倡将我国的相关科技成就、中华优秀传统文化引入课堂。在本节课教学中，教师将公元前 2000 年夏初的齐家文化时期的铜镜、墨子笔下的小孔成像、《汉书·天文志》"海旁蜃气楼台"、日晷的应用、《周礼》中的"十辉"、古诗《花影》等素材合理融入课堂教学，让学生了解我国古人对光现象的研究，积极探索物理知识，培养学生勇于探究的科学精神，同时体会中华民族从古至今的超强智慧，增强学生文化自信。

行而不辍，履践致远，教学之路道阻且长。我们应不断探究新的教育教学方式、方法和策略，培育学生的创新精神与实践能力，促进知识课堂向素养课堂转型，全面提升育人质量，培养全面发展的人。

课例十："活动·探究"演讲单元

执教：唐书琴（重庆市初中语文现场赛课一等奖获得者）

一、设计思路

演讲与写演讲词是一项综合性和实践性的学习内容，演讲词的创作，演讲技巧的掌握都十分重要。学习演讲不仅有助于学生表达能力、写作能力的提升，也有利于语文课程目标的实现。

部编版语文八年级下册"活动·探究"单元，顾名思义就是在教学中充分发挥该单元的"活动性""探究性"的特点，在探究中学习知识，在活动中锻炼能力。活动·探究"单元是以任务将整个单元联系起来的，在三个任务中，分工具体、目标明确，任务的要求与提示也特别具体，便于操作。但毕竟是新设置的形式，对于所给定的任务应该怎么在教学过程中进行安排，怎样才能让学生真正地有所提高、有所发展是我一直在思索的问题。

思考再三，我决定循其本求其源。通过读演讲稿、思技巧、凝语言、讲真情的方式。首先，通过本单元的课文，在教学中要分析演讲者创作演讲词的写作背景、写作技巧，把握演讲词的特点，必要时可在学习选文的过程中进行模拟演讲，让学生在实践中初步感受演讲。其次，在感受演讲、把握演讲词特点的基础上学习如何撰写演讲词。

在演讲词的撰写中，教材编写者也明确指出了具体的写作技巧。最后，进行演讲活动。虽然教材中已经设计了活动安排，但要根据具体的学情等因素进行相应调整。因此在每个任务中，根据教材编写者给出的阅读提示，做出有针对性的调整。演讲分为命题演讲、即兴演讲和论辩演讲，考虑到时间问题，在教学设计上我选取了前两个教学环节，在"读思凝讲"的基础上命题演讲和即兴演讲相结合。以三个学习任务为载体，让学生掌握演讲技巧。

二、课堂实录

（一）联系生活，趣味导入

师：同学们，关注新闻的可能都知道最近"张星星爸爸"一词登上了微博以及百度热搜，我们来看看事件的原委到底是什么？

PPT 展示：

嘉怡事件

跟风群事件

蹭饭蹭接事件

武术事件

请假条事件

师：张星星爸爸在家庭角色中扮演的是一个什么样的父亲？

张星星喜欢这样的父亲吗？

张星星爸爸的教育方式怎么样？

生：这个爸爸实在是太可爱了！

生：这个爸爸实在是太不靠谱了！

生：……

师：提出要求——撰写演讲稿

（PPT 展示）

根据上述百度热搜，可自主立意，也可用《我喜欢 ＿＿＿ 的父母》为题撰写一则时长 3-5 分钟的即兴演讲稿并展示。

生 1：（即兴演讲）

师：同学们，如果你是评委，请你为刚刚展示的同学进行一下点评。可以从内容和表达两方面进行点评。

（二）联系课文，掌握技巧

师：同学们，什么是演讲？演讲又叫讲演或演说，是指在公众场合，以有声语言为主要手段，以体态语言为辅助手段，针对某个具体问题，鲜明、完整地发表自己的见解和主张，阐明事理或抒发情感，进行宣传鼓动的一种语言交际活动。（PPT 展示）

师：学习任务一：速读任务二的内容（92 页），快速圈点勾画关键词，总结"活动·探究"演讲单元任务二的核心要点。（PPT 展示）

生：开头结尾吸引提升

把握观点梳理思路

锤炼语言增强感染

师：学习任务二：请大家一边朗读一边圈点勾画思考：

本段的观点是什么？（分解任务：圈点勾画反复出现的关键词）

你们杀死一个李公朴，会有千百万个李公朴站起来！你们将失去千百万的人民！你们看着我们人少，没有力量？告诉你们，我们的力量大得很，强得很！看今天来的这些人，都是我们的人，都是我们的力量！此外还有广大的市民！我们有这个信心：人民的力量是要胜利的，真理是永远存在的。历史上没有一个反人民的势力不被人民毁灭的！希特勒，墨索里尼，不都在人民之前倒下去了吗？

翻开历史看看，你们还站得住几天！你们完了，快了！快完了！我们的光明就要出现了。我们看，光明就在我们眼前，而现在正是黎明之前那个最黑暗的时候。我们有力量打破这个黑暗，争到光明！我们的光明，就是反动派的末日！(热烈地鼓掌)

生：讨论后得出观点：告诉你们，我们的力量——人民的力量是要胜利的，真理是永远存在的。

师：例文二：郭沫若《在萧红墓前的5分钟演讲》

生：本文的观点：一个人的年轻不年轻，并不是专看生理上的年龄，而主要的还是看精神上的年龄。便是"年轻精神"充分的，虽老而不死；"年轻精神"丧失的，年虽轻而人已死了。

师：通过以上例文，在此基础上对刚刚的即兴演讲词的观点进行优化。同学们都能归纳出哪些新的观点？

生：我喜欢懂我的父母，我喜欢能沟通、理解我的父母，我喜欢能用爱感化我的父母，我喜欢爱学习的父母……

师：学习任务三：《应有格物致知精神》是1991年丁肇中先生在人民大会堂举行的"情系中华"征文颁奖大会上所做的演讲。丁肇中这篇演讲的初衷在于让青年人对"格物致知"有新的思考并付诸实践。请同学们根据演讲图式对本文进行演讲技巧的分析。

生：有论点、论据、论证。整篇文章内容采用凤头、猪肚、虎尾模式。

师：请同学们模仿此演讲图式，修改即兴演讲稿《我喜欢＿＿＿

的父母》。

师：学习任务四：速读《我一生中重要的抉择》，感受语言特点。（PPT 展示）

①所以我知道自己是一个下午四五点钟的太阳；各位呢，上午八九点钟的太阳，这是本科生；硕士生呢，九十点钟的太阳；博士生呢，十点、十一点钟，如日中天的太阳。

生明确：运用比喻和排比的手法，拉近与听众的距离，充满亲切、期待和鼓舞；增强演讲气势，富有感染力。

②名人老了，称呼变成王老，凡人就只能叫老王。

生明确：这是作者的调侃，使语言诙谐幽默。

③作者丁肇中和王选同样是面对青年学子所做的演讲，但是他们的语言风格却完全不同。

生明确：这跟个人的脾气秉性、说话风格、具体话题、表达方式都有关系。

师：请同学们赏析《在萧红墓前的 5 分钟演讲》语言特点。

生：内涵深邃饱含哲理

匠心独运构思奇巧

感情真挚语言生动

运用技巧演讲示范

（三）撰写演讲稿（PPT 展示）

师：根据上述百度热搜，可自主立意，也可以《我喜欢 _____ 的父母》为题，再次撰写一则时长 3-5 分钟的即兴演讲稿并展示（可在原稿的基础上修改）。

要求：1. 观点要明确。

　　　2. 事例要充分。

　　　3. 语言有亮点。

生：（上台展示）

师：请同学们进行点评。

师：同学们通过对本单元演讲课文的学习，基本上可以完成即兴演讲，老师在你们掌握的基础上给大家提炼出了演讲的基本技巧。

（PPT 展示）

我喜欢讲话，我喜欢我的声音，自我感觉良好，讲话要用面部表情表达，讲话要用心表达，讲话要用眼神表达。

生：结合技巧展示《我喜欢 _____ 的父母》。

师小结：

时代需要人才，

人才不一定有口才，

有口才必定是人才，

人才贵在有口才，

有口才一定能成才！

课后作业：

请以《我需要做 _____ 的学生》为题写一篇演讲稿，全班举行演讲比赛。

三、演讲效果评价

（一）评价思路

这个"活动·探究"单元四篇选文都是演讲词，本单元重点学习的是演讲词。要明确演讲主题、演讲风格、演讲的结构、演讲技巧这些要素之间的关系。除此之外，还要明确演讲的特点，主要包括现场性、互动性、鼓动性等；演讲词的分类——命题演讲、即兴演讲和论辩演讲。

演讲和讲话是有区别的。演讲活动有相应的场合、相应的听众、适当的布置、一定的时限要求等。除以上的要求之外，每一篇演讲词还要有自己独特的演讲风格。听众、演讲的场合等因素一定程度上也制约着演讲者的发挥，这些是在教学过程中需要注意的。在教学时，要明确文体的特点，演讲词包含的要素非常多，如演讲的主题、演讲的风格、演讲的对象、演讲技巧的使用等，这也是与一般的议论文存在差异的地方。

（二）评价工具和方式

关于评价的方式，尽可能做到客观。对于演讲，我认为应该从思想内容、演讲技巧、演讲者的状态及和听众交流的效果这三方面进行评价。

思想内容方面主要看演讲者的观点是否明确、鲜明、有典型性。演讲技巧方面主要看演讲的风格，演讲时语音、语调和肢体语言的处理。在语音方面，吐字、发音是否清楚准确，语调是否做到有起伏，能否根据观众的反应以及演讲环境及时进行调整，是否有感染力，这都是需要评价的方面。还有就是肢体语言的处理，也是需要在演讲活动中重点关注的，如手势的配合、与听众眼神的交流。再就是演讲者的状态是否精神饱满，是否能根据观众的反应及时做出调整，在真实演讲环境下，考察演讲者的发挥。另外可以通过观众的反应来评判演讲者的演讲，比如掌声等。思想内容、演讲技巧、演讲者的状态及和听众交流的效果三个方面占比可以划分为：思想内容占比 40%，演讲技巧占比 50%，演讲者的状态及和听众的交流占比 10%，占比可以根据演讲的主题等进行适当调整。

【 课例评析 】

我在执教这次"活动·探究"课时，对教学目标的最终定位是通过课文学习技巧并掌握技巧，最后转化为文字和语言。从课堂实施来看，教学目标基本达成。我在教学中的可取之处：首先以生为本创设情境教学，让学生有话可说，话题的内容与学生的实际生活相联系，是学生比较感兴趣的内容。同时根据单元任务群选择了别样的教学形式，运用"登台演讲""即兴演讲"形式。针对演讲词单元具有"活动性""探究性"的特点，设计丰富的演讲形式也是必要的。其次构建和演讲有关的交际情境，演讲主题的确定需要明确具体的情境，引起学生的体会和共鸣。最后在教学的过程中，我注意了情境化设计，比如，利用多媒体创设教学情境，利用表演创设互动情境。我在这次教学中的不足："读思凝讲"四个维度，主要侧重"讲"这个环节了，"读"原文阶段有一点走马观花的感觉，"思和凝"没有很好地体现出来，老师的操办代替了学生的思考，因此在掌握技巧上有强行灌入之感，而不是学生自己真正领悟。

课例十一："吨的认识"

执教：谢玲（重庆市小学数学现场赛课获奖者）

教学目标

1. 结合生活实际了解吨的概念，吨用字母"t"表示。通过观察、操作、感知、推理等活动发展学生的量感、空间观念、推理意识，建立 1 吨的质量概念。

2. 掌握吨与千克之间简单的单位换算，建立 1 吨 =1 000 千克的理性思维。

3. 通过生活中的实例，理解吨的含义，培养学生初步的观察能力和应用意识，将数学知识与实际生活紧密联系。

重点：建立"吨"的质量概念，能熟练运用 1 吨 =1 000 千克，能进行简单的单位换算。

难点：建立"吨"的质量概念，体验、感知、推理 1 吨有多重。

教具：10 千克桶装水、100 千克的书或者 100 千克的大米、课件等。

教学过程

一、联系旧知，导入新知

1. 我们都学过哪些质量单位？

生：克（g）、千克（kg）

2.克与千克之间有什么关系？

1 千克 =1 000 克

3.给下面的物体填上合适的质量单位。

一只鹦鹉约重 35（　　）一只兔子约重 2（　　）

小朋友约重 25（　　）一头大象约重 5（　　）

问题 1：大象的质量有的认为是千克作单位，有的认为是吨作单位，能说一说自已的理由吗？

问题 2：大家不约而同地选择了吨，老师很想知道吨是什么，又该用在哪里呢？

【教学意图】

通过对克与千克知识的巩固唤醒学生知识基础，对 1 克与 1 千克质量的感悟是学生已经具备的体感，这种感性的经验也是学习新知的前提。根据生活经验选择合适的质量单位，既是数学知识的简单运用，又是激活学生认知冲突的必要学习材料。

二、巧设活动，探究问题

（一）自学教材（人教版数学三年级上册第 31 页）

什么时候用吨作单位呢？——揭示课题《吨的认识》

计量较重的或大宗物品的质量，通常用吨（t）作单位。

师：这句话中你觉得哪个地方比较陌生？

生：大宗物品。

师：什么才是大宗物品，谁能解答他的问题？

学生根据生活经验表达自已的理解。

师：这里也收集了一些生活中以吨作单位的物品（出示图片），请注意看它们都是靠什么搬运的？

（展示图片）

生：借助机器、起重机、卡车等。

师：说明吨是比千克更重的质量单位。

【教学意图】

利用教材组织学生进行自学是三年级学生应该具备的学习能力与提取信息的能力。对于概念的引入，学生应具备敏锐的解读信息能力。教师应充分利用教室学习的场域为学生搭建交流的平台，通过生生互动加深对概念的理解。

（二）探究活动

1. 想一想

结合生活经验说一说什么物体约重 1 吨？

生：轮胎、火车、10 袋大米……

学生会根据感性经验进行举例说明，教师可适当做好记录，以便后面修正直观感知经验。

师：大家的估测与实际相比准吗？

师：你打算怎么来研究 1 吨有多重呢？

生：称一称，但是哪里去找这样的秤呢？

师：看来直接感知有困难，我们就先从更小的质量开始吧。古代的曹冲称象就是用的这样的方法，把不能直接称出的物品质量，变成多个小的物体来称它们的质量，再将多个物体质量合起来。

【教学意图】

以经验为基础，以问题为引领，以任务为驱动，指导学生动脑去思考怎样的物品有 1 吨或用吨作单位？数学的学习基于疑问，同时也始于猜想，开放的问题下形成"非线性"的数学链接点。

2. 拎一拎

（1）拎 10 千克的水

师：老师这里有 6 桶 10 千克的水，我们分 6 个小组，在组长的带领下轮流拎一拎。

活动要求：

①拎一拎 10 千克水的质量，记住这种感觉是怎样的，是轻还是重？

②试着坚持一会儿，又是怎样的感觉？

生：汇报体验结果。

生 1：有点重。

生 2：轻松。

师：10 千克的水大家可以拎得动，对吗？那如果再加 10 千克呢？（找一个学生试一试并发表感想）

如果更多的这样的 10 千克你还能拎得动吗？一起来感受它的变化。（课件展示 1 000 千克形成过程，同时学生站立，双手摊开，感受每增加 10 千克身体会发生什么变化，从开始的有点重到慢慢地变得无法承受，学生用自己的表情、动作和心理感受，对 1 吨建立一个表象的认识。）

推理活动：100+100+100+100+100+100+100+100+100+100=1 000(千克)

师小结：10 个 10 千克是 100 千克，10 个 100 千克是 1 000 千克也就是 1 吨。

板书：1 吨 =1 000 千克

师：它摆在这个房间里得占多大的地方呀？

生：教室一半吧。

【教学意图】

想象是学生建立吨质量概念表象必不可少的学习策略，在这个过程中学生经历的不只是质量的累加过程，更多的是感受质量在身体上所形成的体感变化。一方面从开始的拎得动到质量增加，身体承受限度在不断缩减，另一方面量感也在心中不断得到培养。

（2）拎 50 千克大米

师：谁来挑战一下把它提起来？ 50 千克拎起来很吃力对吗？需要帮忙吗？看来人多力量大，同学之间也需要互相帮助。

【教学意图】

吨概念的建立不是一蹴而就的，所以教师应该在课堂上为学生搭建体验的平台。通过不同质量在心中留下的初步印象，巧用对比与累加形成吨的表象。

（3）拎 100 千克大米

师：老师增加了 50 千克大米，现在是 100 千克。还有人敢挑战吗？

生：(挑战失败。)

师：为什么你们不来挑战了？知道老师多重吗？这些米相当于两个老师呢。

小结：对于这种较重的物品不易感知它，可以从熟悉的，较轻的物体开始感受，通过对比、累加而推算出它的质量。

【教学意图】

比较是人们认识世界的一种方法，数学概念的建立也需要在比较中思考和丰富认知，进而深刻掌握其内涵。从开始的能提得动到现在提不起来，这种感觉使学生明白原来这么重的时候，我已经无法承受。它的重已经不再是感性的而是变成理性的分析思考。因为50千克学生就无法搬动了，更何况现在的100千克。

3. 算一算

师：一名同学重25千克，10名这样重的同学一共重多少千克？40名这样重的同学呢？你觉得我们班的同学是比1吨重还是轻？或者差不多1吨呢？

生1：比1吨重。

生2：比1吨轻。

生3：差不多。

学生展示汇报结果。

师：看来我们全班同学的质量要比1吨重。（学了吨后，同学们也可以开展一次调查，在教师的帮助下算一算我们班的同学每人大约多重？多少个同学有1吨？把自己班上的情况和其他班级学生的体重作比较，感受数据的随机性与稳定性，培养学生的估测意识与运算能力。）

4. 议一议

通过刚才的体验活动与推理运算，对1吨的感觉与你最开始的估计进行对比，是估多了还是估少了？

【教学意图】

在丰富的体验活动中学生对吨有了进一步的感知，将建构的知识与现实情境相结合，增强学生的应用意识。将感性经验变为理性的思考，修正之前的模糊概念，带领学生一步步向知识的更远处漫溯。

三、联系生活，实践运用

带着这种感觉我们一起完成下题。

1. 连一连

30 吨   80 千克   4 吨   10 千克

2. 吨还应用在我们生活的这些地方，你理解它是什么意思吗？（出示图片）

生：（发表见解。）

师：看来同学们不只是知道了吨这个概念，还能让数据开口说话。

3. 思考题

都是载重 5 吨的卡车，一辆装了 5 吨的铁块，一辆装了 5 吨的棉花。在检查站时，装铁块的卡车顺利通过了，而装棉花的卡车却被警察拦住了，你想是什么原因呢？

预设：棉花占的地方大，会不安全。

师：看来同学们已经具备了用数学的眼光看待生活中的问题，并用数学解释生活现象。

【教学意图】

3个题目从层次上来讲具有递进性，从基础的应用与巩固到数学的表达与数学的思考。尤其是第3题思考题，以开放的习题形式呈现，以说理的方式教学，不仅仅是知识的获得，更多的是对于吨外延的拓展。

四、总结全课，质疑迁移

这节课，你学会了什么？有哪些不懂的地方？

总结：通过回顾反思，我们发现在研究数学问题时可以通过观察、操作、推理、想象建立量感和发展空间观念，这就是数学的独特魅力。愿你们一直保持这份探究精神，用数学的眼光看待生活、解释生活。

【课例评析】

一、巧用冲突，打破认知平衡

在复习环节学生能够较为熟练地回顾之前学过的质量单位。当遇到大象的质量时，学生觉得用"克"这个质量单位肯定不合适，但是"千克"也觉得不对，毕竟一个小朋友已经有25千克，根据生活常识可以知道大象质量不可能比小朋友轻。当学生陷入两难时，新知识的学习也就成了必要，学生心中呼之欲出的问题是接下来探究学习的良好契机。

二、层层递进，建构知识概念

在本节课学习中，我们遵循了三年级学生的认知规律，重视概念形成的过程，加强过程性教学。学生能够通过观察、感知、想象、推理，清晰建立吨的质量概念。同时，注意在帮助学生经历概念的抽象过程中，尽量规避重结论轻过程的教学倾向。新课标将"吨的认识"纳入综合实践领域，这更是为教学指明方向，以现实情境为背景引导学生从感性模糊上升到理性科学。知道吨是比千克更重的质量单位，对于吨这个质量单位能结合现实情境恰当地解释应用。

三、优化过程，巩固应用过程

虽然本节课学生能够充分地经历体验过程，但是素材的丰富性不够。"吨"概念的建立需要以多元的视角、丰富的体验才能更加清晰区分知识的内涵和外延。教师可以充分利用课外时间，组织学生开展调研："吨"在生活中的应用。一是通过收集不同的素材进行质量大小的比较；二是调查家庭用水和学校用粮，"以小见大"培养学生的节约意识；三是借助数学文化故事《曹冲称象》，感受两个基本事实，即等量相等，总量等于分量加分量；四是了解对于生活中像这样较重的物品是用什么样的测量工具测量它的。对于大宗物品度量结果的误差性怎样是合理的、可接受的，我们平时估的过程中能够结合实际情况进行修正、调整，使得结果趋于准确。

附录：跨学科学习的多维视角 [11]

【摘　要】跨学科学习作为学校课程教学体系中的一种特殊形态，具有综合化、实践性特征。跨学科学习既是课程观，也是方法论，这个方法论最主要的武器是跨学科思维，它是超越学科界限的不同学科思维方式的横向迁移，它与学科课程教学最大区别是如何组织多学科资源，其教学组织是网状结构，教学价值取向从学科知识的系统传授转变为必备品格与关键能力培育。

【关键词】跨学科学习；课程教学；学科知识；思维方式；教学组织

"跨学科学习"（interdisciplinary study），是基于跨学科意识，运用两种或两种以上的学科观念以及跨学科观念，解决真实问题的课程与学习取向。跨学科学习综合两个或两个以上学科的课程要素，通过课程内容的跨学科结构化重组，打破了按照学科知识逻辑体系组织教学内容的课程结构形式。"跨学科学习"既是一种特殊的课程形态，还是一种深度学习方式。在整合两个或两个以上学科观念

---

11. 李胜利，李令. 跨学科学习的多维视角 [J] 中学政治教学参考，2024.(11)

与思维方式解决真实问题的过程中，"跨学科学习"促进学生转变学习方式，进入深度学习状态。

一、课程视角

《义务教育课程方案（2022 年版）》提出："原则上，各门课程用不少于 10% 的课时设计跨学科主题学习。"这里"各门课程"指的是各门学科课程，学科课程依据知识的内在逻辑分科设置，课程体系具有相对的独立性、完整性，典型的特点是围绕学科知识设计课程框架，分门别类组织和编排学科内容。跨学科学习作为学校课程体系中的一种特殊的课程形态，相较于学科课程，具有综合化、实践性的特征。

综合化是跨学科学习的显著特征。"综合"的本意源自纺织技术，"综"是织布机上使经线上下交错以受纬线的装置，"综合"就是把事物或对象的各部分属性联合为一个整体。跨学科学习运用两个或两个以上学科的知识或方法去探究一个中心主题或一个现实问题。这就意味着跨学科学习包含两个或两个以上独立学科的课程要素，以及在现实情境中与这些课程要素具有某种联系的主题或问题。把这些本来各自独立的课程要素整合在一起的"综"不是"学科本位"，而是"素养本位"。因为，教育的首要任务不是系统学科知识的传授，而是学生必备品格与关键能力的培育。学科各自独立，容易造成各学科学习内容相互分离甚至脱节，不利于学生综合素质的培养和发展。世界是立体的，学生面对的现实生活是完整的，很多现实的难题仅靠一个学科的知识是无法解决的。课程的综合化实施，有利于打破学科界限，培养学生对事物的整体认知能力。

　　跨学科学习是实践取向的课程。实践是人类改造世界的客观物质活动，正是在这种对象化的实践活动中主体能动性得到发展。跨学科学习的出发点是为了解决社会生活中的实际问题，多个学科的知识整合在一起也是为了解决问题，而且这个问题主要来源于实践。来源于实践的问题往往才是真问题，才是迫切需要解决的问题。学科课程重视学科知识的系统传授，在一定程度上导致理论与实践的分离，加重了学生的课业负担。虽然我们学习的知识大多源自间接经验，但是，从认识论讲，实践是认识的基础。实践指向主观领域以外的客观世界，人类在改造客观世界的实践中自身得到发展。调动学生用多学科相关知识解决现实问题的积极性，将学科知识学习同社会生活实践紧密联系起来，拓宽学习的空间，通过开展社会观察、实地调查、实际操作、查阅资料、语言表述等丰富多彩的实践活动，提高学生解决实际问题的综合素养。

　　例如，《道德与法治》七年级上册第四单元主题"生命的思考"，作为道德与法治学科的核心理念之一，在七年级上册教材体系中居于核心地位。当下，中小学生心理健康问题层出不穷，一些学生生存意义迷失、生命价值困惑，引发不少伤害他人或自己的极端行为，给社会和家庭造成巨大伤害。引导学生树立正确的生命观价值观，具有重要的现实意义和课程价值。思考人生观、价值观，在刚刚进入初中的学生看来有些抽象。他们对社会现象或观点的分辨能力、理解能力以及自控能力尚不甚强，因此，对社会上一些负面的消极的现象，缺乏正确的分析、理解、判断能力。本单元教学要照顾到中学生这种特定的生理、心理特点和认知规律。跨学科学习设计紧紧围绕"树立正确的生命观"这个主题，综合运用道德与法治、文学、生物学三个学科的知识。文学是以语言文字为工具形象地反映客观现实的艺术，生物学是研究生命现象和生命活动规律的科学。在学习主题的统帅下，三个学科的整合，不是学科知识的组合，而是学科功能的整合，横跨人文科学、社会科学、自然科学领域，目的是解决自然、社会现实中的真实问题。

主题	课程内容		
	道德与法治	文学	生物学
树立正确的生命观	探问生命、珍爱生命、活出生命的精彩	《诗经·蜉蝣》用形象化的语言叩问生命	以蜉蝣为例，探究生命特征和生命活动规律

这个跨学科学习设计，主题来自道德与法治学科，整合道德与法治、文学、生物学三个学科的课程资源，提供多学科视角下解决问题的方式。化抽象理解为形象化理解和科学理解，促进学生对生命观的理解，有助于树立正确的生命观。

二、思维方式视角

"跨学科学习"既是课程观，也是方法论。这个方法论最主要的武器是跨学科思维。思维是人类特有的精神活动，指在表象、概念的基础上进行分析、综合、判断、推理等认知活动的过程。跨学科思维是超越学科界限的不同学科思维方式的横向迁移。迁移指一种学习对另一种学习的影响，或者说先后两种学习相互影响。几种学习之间要产生迁移，关键在于找到它们之间的一致性或相似性，相似性是影响迁移的一个重要因素。虽然，每一门学科都有自己的逻辑体系和知识结构，也都有自己独特的思维方式。但是，世界上的万事万物都不是孤立的存在，它们相互之间构成一定的联系，这就为思维方式的迁移提供了可能性。

思维能力是思维主体对接收到信息的整合能力。以跨学科视角构建的知识体系，不是单一学科领域的知识体系，也不是几个相关学科知识的叠加，而是融多个学科知识与思维方式于一体的整体。跨学科思维是多种思维方式在跨学科学习中的整合。跨学科思维的过程就是围绕一定的主题或问题，将思维对象作为一个系统，通过分析、综合、比较、抽象和概括等一系列的思维操作，整合多学科资源，使问题得以解决的过程。

例如，科学思维是形成生命观念的重要途径，是生物学核心素养的重要组成部分，也是科学探究的重要组成部分。《义务教育生物学课程标准（2022年版）》指出："科学思维是指在认识事物、解决实际问题的过程中，尊重事实证据，崇尚严谨求实，基于证据和逻辑，运用比较、分类、归纳、演绎、分析、综合、建模等方法，进行独立思考和判断，多角度、辩证地分析问题，对既有观点和结论进行批判审视、质疑包容，乃至提出创造性见解的能力与品格。"这也正是道德与法治课要坚持的。思政课切忌空洞说教，要摆事实讲道理，有理有据，以理服人。我们讲道理一定要有逻辑性，逻辑是思维能力，道理是思维得出的结论。生物学的学科使命"探问生命，认识生命。对生命的物质和结构基础、生命活动的过程和规律等方面有一个总体认识和基本观点"，与《道德与法治》七年级上册第四单元"生命的思考"的学习主题是吻合的。

以蜉蝣为例，立足科学思维，探究蜉蝣的生命特点以及生命价值。通过资料查阅，实物考察，会发现蜉蝣生命极其短暂，短到悲情的"朝生暮死"。成年蜉蝣只能存活短则几个小时，多至几天，这段时间它们不饮不食，唯一专注的就是寻找配偶、交配、产卵，等到产下后代之时，它的一生也就画上句号。蜉蝣美丽之处在于成虫体壁薄且有光泽，常见为白色和淡黄色，翅膀呈透明状。当有阳光射来，光束穿过身体会让翅膀上的纵横脉络变得清晰可见，本身纤弱的身体再配上密集翅纹，产生一种令人怜惜的灵动美感。蜉蝣的存在可以作为鉴定水体质量的重要标准，蜉蝣对缺氧和酸性环境非常敏感，因此一个地区的蜉蝣数量可以作为衡量这个地区环境污染的标尺。通过探究，得出结论：蜉蝣极其短暂的一生，让生命得到了延续，把美丽呈现给世界，为环保做出了贡献。

这个跨学科学习活动设计，结合生物学、道德与法治学科知识和思维方法，将我们理解不够深刻全面的"人为什么活着""怎样的人生是值得过的"等人生观价值观，置于真实情境中加深理解，从多角度认识生命的意义，增进对生命教育的系统了解。这个跨学科学习训练了科学思维，让学生明白讲道理要有观点、有事实、有例证，了解不同学科对生命观的不同解读角度和方法。

三、教学组织视角

组织指诸多要素按照一定方式相互联系起来的系统。教学组织是教师依据教学目标和学生特点将教学内容统筹安排的过程。

学科课程按照知识的逻辑体系和内在联系组织教材内容，以探究该学科的客观规律，传授系统学科知识为目的。学科知识的展开是纵向递进、由浅入深的。教学过程多为线性结构，如常见的教学过程四环节：感知、理解、积累、运用。

跨学科学习以解决现实生活中的真实问题为出发点，问题是跨学科思维的聚合点，围绕问题的结构化内容成了学习的主要对象。以解决现实问题为对象的学习，学习内容的组织应遵循问题逻辑。根据心理学研究，问题是给定信息和目标之间有某些障碍需要克服的刺激情境。一个真问题一般由三个成分构成：已知问题条件、问题解决的目标、解决问题的路径与方法。所以，在明确了问题目标后，跨学科学习不以系统学科知识为线索构建课程，而是以怎样解决问题为线索构建课程。问题成为相关多学科知识的聚合点，不同学科知识与方法之间相互诠释、参照、迁移与印证，形成一个相互联系，错综复杂的网络，跨学科学习教学组织是网状结构。遵循学科逻辑，系统传授知识的线性教学组织结构，不再是教学组织的唯一方式。

跨学科学习与学科课程最大区别是跨学科学习面临如何整合多学科资源的问题。跨学科学习以现实生活中的真实问题为统帅，找到不同学科知识之间的联结点，将不同学科的知识融合于情境化的实践活动中，以解决问题为目的，以实践活动为载体，教学价值取向从学科知识的系统传授转变为必备品格与关键能力的培育。《义务教育课程方案（2022年版）》提出："设立跨学科主题学习活动，加强学科间相互关联，带动课程综合化实施，强化实践性要求。"设计反映真实情境的体验性活动是实施跨学科学习的关键，跨学学习活动是学习目标在教学中的具体形态，既是课程内容，也是课程内容的呈现形式。跨学科学习活动要把个人体验情境、社会生活情境和跨学科认知情境三者结合起来。下面以《道德与法治》七年级上册第四单元"生命的思考"跨学科学习活动为例具体说明。

第一步，创设情境 提出问题

朗读《诗经·蜉蝣》："蜉蝣之羽，衣裳楚楚。心之忧矣，于我归处。蜉蝣之翼，采采衣服。心之忧矣，于我归息。蜉蝣掘阅，麻衣如雪。心之忧矣，于我归说。"（蜉蝣短暂、美丽的一生，常常被古人描画成人类生存状态的象征。诗人慨叹人生短暂，要珍惜生命，反复叩问怎样度过一生）。学习这首诗歌后，谈谈你对生命观有什么理解？结合《道德与法治》七年级上册第四单元"生命的思考"相关内容谈（如，生命有时尽、珍爱生命、怎样的人生才是有意义的等观点）。要求有观点，有依据。

第二步，查阅资料 实物探究

全班分为四个小组，每个小组搜集有关蜉蝣形态特征、生活习性、活动范围、生长繁殖、生物价值几个方面的文字材料、图像资料。要求尊重事实，讲究证据，养成严谨求实的科学态度。

第三步，小组总结 展示成果

归纳陈述本组研究的重点内容，小组互评，总结反思。以墙报、研究小报告、网页制作等形式展示研究成果。以"活出生命的精彩"为题撰写演讲稿，组织一次演讲比赛。要求观点明确、事例充分、语言生动。

跨学科学习实践活动是各课程要素之间以人的培养为目的的合

乎逻辑的现实的、动态的展开过程，贯穿这个过程的不是系统学科知识，而是解决问题的路径和方法。活动的课型是"主题＋方法"，不是"主题＋知识"，学习方法是贯穿活动的明线，学科知识成为暗线。

培育学生核心素养，已成为教育研究的热点。然而，核心素养内涵具有综合性，单一学科无法完全落实培育要求，跨学科学习成为必然选择。跨学科学习通过教学内容的跨学科结构化重组，实现由教材内容组合到学习内容组合的转变，打破按照学科知识逻辑体系组织教学内容的形式，有助于推动教学方式变革。同时，跨学科学习通过建立不同学科之间有意义的连接，推动学科间交叉融合，有利于打破学科界限、形成育人合力、优化育人效果。

大单元教学整体设计的三个要领 [12]
——以六年级上册第一单元为例

【摘　要】实施大单元教学整体设计，要抓住三个要领，即，一个点、两条线、三原则。一个点指"整合点"；两条线指纵线和横线，纵线把单元教学要素贯穿起来，横线指同类文本的横向迁移，实现一篇带一类；三原则指内容组合到学习组合、碎片化到结构化、文本的整体性与文本的材料化结合。

【关键词】大单元整体教学设计；整合；教学要领

当下的单元教学更多的是指一种教材的编排方式，而没有成为一种教学的模式。根据系统论的观点，系统是由两个或两个以上的元素相结合的有机整体，系统的整体不等于其局部的简单相加。单元内的几篇课文，本来各自独立，按照某一个标准编排在一起。如果不把它们整合起来，就会相互孤立，缺少关联。大单元教学整体设计，就是要使单元内的各个教学要素，形成合力、能够互释、有效迁移，产生"整体大于部分之和"的功效。

---

12. 李胜利 . 大单元教学整体设计的三个要领 [J]. 教学月刊（小学语文版），2021（11）

一、抓住"一个点"，统领单元

"一个点"指"整合点"。整合指把零散的东西彼此衔接，从而实现信息系统的资源共享和协同工作，形成有价值有效率的一个整体。大单元教学整体设计，就是要把一个单元，甚至一个年级、一个学段的教材当成一个整体，统筹考虑。我们的学习目标、学习任务、学习活动都是立足一个单元的"大"目标、"大"任务、"大"活动。

这个"整合点"既要"瞻前顾后"还要"左顾右盼"。"瞻前顾后"指审视当下内容和以前、以后教材内容的联系，在教材体系的坐标中处于什么地位；"左顾右盼"指同类文本比较阅读，找出文本的共性，实现一篇向一类的迁移。

"部编本"语文教材结构上采用"双线组织单元结构"，即按照"人文主题"和"语文素养"双线组织单元结构。每个单元都有单元导语，对本单元主题加以提示，提醒本单元的学习要点。我们选择这个整合点，可以从人文主题或语文要素入手。这个整合点要能够把单元教材内部的各个要素串联起来，这些要素通常有语文知识、语文能力、学习策略和学习习惯，以及写作、口语训练等等。

六年级上册第一单元是个跨文体的单元，有散文、散文诗、唐宋诗词。六篇（首）诗文，虽文体各异，但写的都是景物，形成一条贯穿全单元的明线。单元导读关于语文要素的提示是"阅读时能从所读的内容想开去""写作时发挥想象"，再综合分析课文、习题、语文园地、习作等单元构成要素，发现还有一条贯穿单元的暗线，那就是怎样"想开去"，具体来说就是联想、想象的运用。

发展学生思维能力是核心素养的重要内容，想象是一种特殊的思维形式。六篇（首）诗文，有"草原美"触景生情的联想、有"丁香结"由"物"到"志"的升华、有《花之歌》想象的奇特等等。无论是融情入景、借景抒情、托物言志手法的运用，还是听说读写言语能力的交相推进，背后都离不开想象的影子。把联想、想象能力的运用作为单元"整合点"，具有牵一发而动全身的支点效果。

二、找到"两条线"，有序推进

（一）找"纵线"，贯穿单元要素

拉尔夫·泰勒说："课程的某一主要要素有可能一遍又一遍地被重复，却仅仅停留在同一水平上，这样学生在理解、技能、态度或某些其他因素上就得不到进一步的发展。"为了防止单元教学设计中主要的课程要素低水平重复，我们就要在教学的推进上有一个循序渐进逐步提升的梯度。

在联想想象的运用这条纵线的串联下，通过系列听说读写言语活动，拓展学生思维，让学生明白"想开去"有迹可循，有法可依。具体做法是将这个主要课程要素分成若干个知识或能力训练的"点"，由浅入深，层层推进。

1.以画促"想"。图画是静态的、无声的、平面的，要想画面变活，就要借助联想，通过语言文字展开想象，让画面有情节，变静态为动态、无声为有声、平面为立体，用语言描绘图画的生动情景。

设计学习任务，《六月二十七日 望湖楼醉书》每一句诗就是一幅画，给每幅画加个小标题，要求能概括这幅画的特点；呈现骤雨图片或视频，抓住骤雨的特征把这首诗改写成不少于200字的短文。

2.以诗促"想"。王国维《人间词话》"词以境界为上，有境界则自成高格，自有名句"。"境界"是情和景的统一，情与景的统一是离不开想象的。文学作品中山川景物的显现，绝不是纯客观地机械地描摹，须凭想象创构，才能把握全景。义务教育课程标准指出："阅读诗歌，大体把握诗意，想象诗歌描述的情境，体会作品的情感"。

设计学习任务，比较《宿建德江》和《西江月 夜行黄沙道中》两幅月夜图，说说哪些词语是直接写景的？哪些词语表达了作者情感？

3.以写促"想"。写作是运用语言文字符号表情达意的创造性思维活动，习作训练同样有助于学生想象和联想能力的培养。单元习作要求：把自己变成另一种事物，发挥想象，把你"变形"后的经历写下来。那么，怎样发挥想象，"想开去"呢？可以搭建写作支架，首先分析要变成的这种事物，它的特点、生活的环境、用途。从这三个方面想开去，思维就有了方向，再把这三个方面的关键词写出来，然后把这些词语连缀起来，形成内容统一、符合逻辑的一段话。

（二）找"横线"，实现能力迁移

相较于单个文本的教学，大单元教学整体设计最明显的特点就是阅读教学走向了多文本，从读懂一篇到读通一类。这样就在大单元教学的框架内，实现阅读能力的横向迁移。"教育的两个最重要的目的是促进学习的保持和学习的迁移（迁移的出现是有意义学习的标志）。简言之，保持要求学生回忆所学知识，而迁移不仅要求学生回忆，而且要求学生理解并能够运用所学的东西"（安德森《布卢姆教育目标分类学》）。保持属于思维的低层次阶段，而迁移是思维的高级阶段，迁移的实质是学过的东西在新情境中的应用。

宗璞的《丁香结》《好一朵木槿花》《紫藤萝瀑布》等系列文章都有一个共同的主题，就是通过自然景物的描绘寄托对生命的热爱，而且都运用了托物言志的手法。通过同类文章的比较阅读，实现一篇到一类的迁移，达到课内与课外结合，课内向课外延伸。

托物言志是一种常见的表现手法，指通过描绘客观事物的某一个方面的特征来表达作者的志向和意愿。写好这类文章的关键是找准言"志"之"物"，物品的主要特点要与志向和意愿有某种相同点和相似点。刘勰《文心雕龙·比兴》："比类虽繁，以切至为贵。若刻鹄类鹜，则无所取焉"。"志"与"物"要"切至"，就是要恰当，莫把天鹅画成鸭子。

设计学习任务，用思维导图的形式，展示《丁香结》"物"与"志"的关系，学习托物言志的写作手法。课外阅读宗璞《好一朵木槿花》，绘出"物"与"志"关系的思维导图。绘制思维导图注意由"物"到"志"有一个实到虚的过程，先抓住物的特点实写，再由实到虚，从物的某一个特点联想到与志的相似点，由此引发出对人生的感悟。

三、把握"三原则"，优化教学

（一）内容组合到学习组合

单元是语文教材的基本结构单位，单元把课文、注释、练习、基础知识等教材内容，按一定的标准组合在一起。严格说一个单元的几篇课文之间本来没有逻辑性，单元中的课文是可以替换的，能够组合在一个单元内，主要是因为它们符合"双线组织单元结构"条件。

内容组合到学习组合就是要改进教材的呈现方式。通过情境的创设、大任务的设计等，对教材进行再度开发，使其更有利于学生深度学习。

加涅认为，要使学习得以发生就要仔细安排好学习的内部和外部条件。教学要设计好外部条件，激活内部条件，促进学习真实发生。"真实、富有意义的语文实践活动情境是学生语文学科核心素养形成、发展和表现的载体"。在任务驱动的言语活动中，学习必须在一定的情境中进行，真实情境是其展开的主要凭借。我们设计各种真实的言语活动情境，创造积极的外部学习条件，激发内部学习动机，从而不断提高学生的听说读写能力。

例如，我们可以改进《丁香结》课后训练题"丁香结引发了作者对人生怎样的思考？结合生活实际，谈谈你的理解。"，创设一个任务驱动的言语活动情境："课文中作者是怎样将丁香结与人生联系起来的？你平时生活中遇到不顺心的事是怎样化解的？能向你的好朋友说说吗"。这个言语活动情境把个人体验情境、社会生活情境和学科认知情境三者结合起来。提出挑战性任务，增加了语言活动的交际对象，把语文学习与生活实际联系起来。

教学不是自学。学习任务设计的好坏，取决于是否有达成目标的学习支架，学习支架这个概念起源于维果茨基"最近发展区"理论，意思是在学生已有知识同新建构知识之间搭起"脚手架"。打个比方，就像过河一样，河的这一边是学生"已经达到的发展水平"，对岸是学生"可能达到的发展水平"，河宽就是"最近发展区"。虽然没有桥，如果教师在河中放几块"垫脚石"，学生就可能顺利通过，这个垫脚石就是支架。

如，"有感情地朗读课文"是教材中常常出现的一个学习活动，那如何才能有感情地朗读课文？这就需要搭建学习支架，可以设计这样一个学习任务，默读《草原》第一自然段，圈画出体现作者感情的词语，并在边上用恰当的词句作批注（你就可以通过学生圈画出来的词语和批注的词句，看到学生的体会过程）。

（二）碎片化到结构化

"现在的精读教材全是单篇短章，各体各派，应有尽有。从好的方面说，可以使学生对于各种文体都窥见一斑，都尝到点味道。但是从坏的方面说，将会使学生眼花缭乱，心志不专，仿佛走进热闹的都市，看见许多东西，可是一样也没有看清楚。"叶圣陶先生这段话给我们的启示是，由一篇篇独立的文章构成的文选型课本，每篇课文都文质兼美，而且教材看起来体系完备。实质上课文之间互不相连，语文学科知识点分布零散。

结构化，指将逐渐积累起来的知识加以归纳和整理，使之条理化、纲领化，做到纲举目张。在一个单元内，把各个教材要素整合、串联起来，建立起系统的语文要素框架，以及循序渐进的上升梯度，让单元内容结构化；在教材体系中，明确每个单元的核心教学要素处于什么位置，发挥什么作用，与其他相关单元有何联系。

例如，六年级上册第四单元小说单元，单元导读语文要素第二条"发挥想象，创编生活故事"提到想象；六年级上册第七单元艺术单元，单元导读语文要素第一条"借助语言文字展开想象，体会艺术之美"提到想象。三个单元对想象的关注点有什么区别？我们在具体教学中的落脚点在哪里？这些都是大单元整体设计要思考的。

（三）文本的整体性与文本的材料化结合

大单元教学整体设计，着眼点是整个单元，单篇课文不再是一个独立的存在，而是整体设计中的一个部分。我们过去习惯于一篇课文一篇课文的学，从一篇课文中归纳出语文要素。在单元大目标、大任务的背景下，在"任务"与"文本"的关系上，文本成为任务的"例子"，或者说文本的一个部分成为了"例子"。以任务为先导，以文本为例证，文本材料化了。

强调文本的整体性与文本的材料化结合，就是要处理好文本的独立性与单元的整体性的辩证统一关系。文本以一个独立的整体呈现在我们面前，文本的丰富内涵也只有作为一个整体才能完美体现。大单元整体设计不排斥篇章教学，而是要革除篇章教学的弊端，让篇章教学高效省时。

本文前面提到的"同类文章比较阅读，实现一篇到一类的迁移"，还有可以采取教读课文得法，自读课文用法的方式。这些都是保持文本独立性与单元整体性辩证统一的好办法。再则，经典文本是一个全息体，我们当然可以全方位、多层面地挖掘文本所包含的丰富内涵。但是过去的经验告诉我们，这样做往往是费力不讨好，想要面面俱到，结果是啥都没做到。"弱水三千只取一瓢"，在单元"整合点"的统率下，单元内的课文构成一个相互协同、相互比较的结构化整体，实际上是保持文本独立性与单元整体性辩证统一的另一种形式。

综上，大单元教学整体设计，要立足系统思维，着眼整体建构。既要有单元核心学习要点逐次推进的层级性，又要有从单篇到单元教学内容分布的有序性。让单元不仅是教材的编排方式，更是有效教学的模式。